学級経営サポートBOOKS

スキマ時間に大活躍！
エンタメが満載！

中学校の学級トーク＆ミニレク100

瀧沢広人 **著**

JN032711

明治図書

はじめに

　よく，「教師は役者たれ」と言いますが，私は「教師はエンターテイナーであれ！」と思っています。つまり，「楽しませる人」です。

　私は小さい頃から，人を笑わせるのが好きでした。私自身，特に面白い人間ではありませんが，面白い話や，楽しいことが好きで，面白い話や楽しいネタが見つかると，よくそれらを使って，友達を笑わせていました。笑っている方が好きだからです。

　それは，教員となってからでも同じでした。

　生徒たちと楽しい雰囲気の中，生徒たちの笑顔を見ながら学級づくりをしたいと思っていました。もちろん「授業も楽しく！」です。

　楽しさの先には未来（可能性）があります。楽しいと思えば，人は行動を起こします。

　大学教員になった今も，その気持ちは変わりません。英語を専門としない学生に対しても，講義を楽しく感じさせ，興味をもってもらえるような工夫は，小・中学校で勤めていたときと同じです。

　先ほど，「楽しさの先には未来（可能性）がある」と述べましたが，新年度の４月，新しい学級で楽しい話をします。すると生徒が家に帰って，

　　「ねえ，今度の先生，面白いんだよ」

　　「こんな話してくれたんだ」

　と話します。すると保護者は，新しい先生のことを好意的に感じます。保護者は，生徒の声や姿から判断し，教師や学校に信頼を寄せます。

　常に，生徒を通して…なのです。

　面白い話やクイズを知った生徒は，家に帰って保護者に，「クイズ出すね」「このクイズの答え，なんだかわかる？」と話します。

　すると，これが，親子のコミュニケーションの材料にもなります。

　楽しさは，伝わるのです。

元々，生徒たちを楽しませることが長けている先生がいます。自然と生徒たちを和ませ，場の雰囲気を明るくすることが得意な先生がいます。芸人で言えば，明石家さんまさんのような方でしょう。

　それとは逆に，どのように生徒たちと話してよいのか，どんな話題で生徒たちと接したらよいのかわからず，ただただ距離を感じてしまう先生もいます。

　適度な距離は必要ですが，生徒たちと近くなるときには近くなり，指導するときには生徒たちを諭すように指導する（＝距離を保つ）ことも忘れてはいけません。

　実は，日頃から生徒たちとコミュニケーションが図れていると，生徒指導はやり易くなります。普段からあまり交流がないと，お互い，相手が何を考えているのかつかめず，お互いのことを理解し合うまでに時間を要します。

　よく英語圏では，ビジネスなどの打ち合わせ前に，Small Talk という，雑談をします。目的は，信頼関係の構築にあります。いきなりビジネスの話をするのではなく，お互いのことを知り，距離を縮める会話をします。そういう意味では，日常から生徒たちと気軽にコミュニケーションを取り，どんなことでも話し合える信頼関係を築くことは，大事だと考えます。

　そのためには，できるだけ多くの生徒たちを楽しませるネタを持ち合わせているとよいです。ここは授業と同じです。引き出しをより多く持っていると，生徒たちに応じた対応ができるものです。

　本書は，「生徒を楽しませる本」として，授業や休み時間，給食，学級レク，遠足・修学旅行，そして朝の会の教師の一言等で使えるネタを１冊にまとめました。１冊にまとまっていると，あちこちからひっぱり出さなくてもいいので楽です。もちろん，これ以外にも，楽しい話材はたくさんあるかと思います。生徒たちを楽しませたいと思っている教師の必携書として，手元に置いてもらえたら幸いです。

2023年３月

岐阜大学　瀧沢広人

CONTENTS

はじめに　002

Chapter1　生徒を楽しませる7つのポイント

Point1　まず，教師が楽しむ！　012
Point2　ユーモアは，知識がないと笑えない！　014
Point3　簡単くらいが，ちょうどよい！　016
Point4　楽しさは，コミュニケーションを生む！　018
Point5　楽しい中に，ルールが生まれる！　020
Point6　クイズを掲示する！　022
Point7　話材（ネタ）は使い勝手を考えて，使う！　024
Tips　マズローの欲求5段階説　026

Chapter2　スキマ時間に使える学級トーク＆ミニレク100

ひっかけ問題

01　もぐったり，沈んだり！　028

02	風がないのに，あいたりひらいたり！	030
03	白い卵は，誰の卵？	031
04	銀行強盗はどこから逃げた？	032
05	50階建てのマンションから人が落ちた！	033
06	$\frac{1}{2}+\frac{1}{3}$は，いくつ？	034
07	木偏に色を足すと何になる？	036
08	魚偏の漢字ひっかけクイズ	037
09	まさる君は，なんの病気？	038
10	何歳でできるの？	039
11	直径20㎝の穴に，どうやってバスケットボールを通す？	040
12	２位を抜いてゴールイン！何位？	041
13	「知らない」って，言っちゃだめだよ！	042
14	同じことを２度言っちゃだめだよ！	044
15	「なんで」って，言ったら負けだよ！	045
16	「日」に１本足して，漢字をつくろう！	046
17	マッチ棒１本を足して，正三角形が２つ作れる？	047
18	つい，ひっかかってしまう計算！	048
19	正三角形を正五角形にしよう！	050
20	指１本で，Ｙの字を作ろう！	051

論理クイズ

| 21 | オオカミと２匹のヒツジを無事に向こう岸へ！ | 052 |
| 22 | １つだけ重い球を見つけよう！ | 054 |

23 消しゴムの値段は，いくら？ 056

24 線香２本で，45分を計ろう！ 057

25 油分け算① ５Ｌマスと３Ｌマスで４Ｌを量ろう！ 058

26 油分け算② ７Ｌマスと３Ｌマスで５Ｌを２つ作ろう！ 060

27 帽子の色は何色？ 062

28 全員の帽子の色は何色？ 064

29 Ａさんの座席はどこ？ 066

30 線と線を交差せず，つなげられるかな？ 067

数字遊び

31 カレンダーの秘密 068

32 □に，＋－×÷を入れて100をつくろう！ 069

33 この数字は，３で割れるかな？ 070

34 答えを予言しておきました① 合計を予言 072

35 答えを予言しておきました② 生徒から先に 074

36 答えが２つできてしまう計算式 076

37 ４桁の数字がすべて異なれば，10がつくれる！ 078

38 小町算 １〜９の数字で100にしよう！ 080

なぞなぞ

39 なぜ，駐車場の９番に車は停めないの!? 082

40 〇〇の中には，何がある？ 083

41 空の上には，何がある？ 084

42 キリンがウサギに負けるときって，どんなとき？ 085

43 逃げ出せたのは何パン？ 086

44 森の中にいる動物は？ 088

45 「カメ」と「ラクダ」と「サイ」は，何を買いに行ったの？ 090

46 なんて読むのかな？ 092

47 なぞなぞ　初級編① 094

48 なぞなぞ　初級編② 096

49 なぞなぞ　中級編 098

50 なぞなぞ　上級編 100

51 「ダンス」って，10回言って！ 102

52 「みりん」って，10回言って！ 104

53 「シカ」って，10回言って！ 106

54 「いっぱい」って，10回言って！ 108

心理テスト

55 雷は，どんな音？ 110

56 どの果物が好き？ 112

漢字クイズ

57 「口」に二画足して，漢字をつくろう！ 114

58 「田」の中にいくつ漢字がある？ 115

59 「▨」の中にいくつ漢字がある？　116

マッチ棒クイズ

60 正三角形を４つ作ろう！　118
61 マッチ棒３本で，「４」を「２」にしよう！　119
62 正しい数式にしよう！　120

英語クイズ

63 アルファベット大文字を「▨」の中から見つけよう！　121
64 「▨」にあるアルファベット小文字は？　122
65 □に入るアルファベットは？　123
66 Ｊから始まる□に入る文字クイズ　124
67 車が１台ありました。何色でしょう？　125

雑学・面白話

68 １ドル札は，どこに消えた？　126
69 困った！17匹のヒツジを３人でどう分ける？　128
70 「うんこのお菓子はおいしいな」　130
71 「昨日，うしがねこを産んだんだって！」　131
72 「美少女」って，どういう意味？　132
73 ぎなた読み　133

74 あなたの声をお聞かせください！ 134

75 鯉のエサ，100円!? 135

76 前の方があいていますよ！ 136

77 英語の規則性，わかるかな？ 137

78 手首から肘までは，何の長さ？ 138

79 この違い，なんの違い？ 140

80 なんか日本語に聞こえるぞ〜 142

学級ミニレク

81 あっちむけ・ほい！ 143

82 なんでもバスケット 144

83 じゃんけんバスケット 145

84 震源地を探せ！ 146

85 まん中しりとり 147

86 ラストピンゲーム 148

87 対戦型ビンゴ 150

88 ワードウルフ 152

89 マスターマインド 154

90 じゃんけん大会 156

91 後出し・じゃんけん 157

92 31を言ったら負け？ 158

93 以心伝心ゲーム 159

94 アンパンマン・キャラクター遊び 160

95 ドラえもんのひみつ道具，いくつ知っている？　　162

手品

96 サイコロ手品　　163
97 千円札を切っても切れない！　　164
98 トランプ手品①　　166
99 トランプ手品②　　168

ダジャレ

100 ダジャレを言っているのは誰じゃ？　　170

Answer　172

参考文献　175

Chapter 1

生徒を
楽しませる
7つの
ポイント

Point 1

まず，教師が楽しむ！

生徒は，楽しいのが好き！

　授業でもなんでもそうですが，**楽しい授業がしたかったら，教師が楽しむことです**。楽しさは伝わります。教師が楽しそうにしていれば，生徒たちも楽しくなります。逆に，つまらなそうに授業をしていれば，生徒たちもつまらなく感じます。

　つまらない授業を教師がしていると，生徒たちは自分たちで楽しくしようと，おちゃらけてみたり，私語をしたり，クラスのみんなを笑わせようと席を立ってふざけたりします。それが継続していくと，クラスは，はちゃめちゃになり，授業は生徒たちに支配されます。教師の指導が行き届かなくなります。色々な意味で，生徒たちは楽しさを求めているのです。

教師が楽しむ！

　生徒たちを楽しませようと思ったとき，**まず，教師自身が楽しいと思わなければ，それは実現しません**。教師が楽しいと思えば，それが表情となり，生徒たちに伝わります。よく「楽しいから笑うのではない。笑うから楽しくなるのだ」というようなことを聞きますが，教師の笑いは，生徒たちに伝わり，その結果，教室環境が楽しいものになるものだと思います。

　朝の会，先生方はどんな気持ちで教室に向かうでしょうか。今日はこんな話をしてみよう，今日は週の初めだから今週の目標をみんなで確認しよう等

と，正攻法で教室に向かうのもいいでしょう。

　一方，「今日は何のクイズを出そうかな？」「そうだ。ドラえもんクイズを出そう」と思って，楽しい話から入るのもいいでしょう。

先生：クイズを出します。ドラえもんの大好物のどら焼き。ドラえもんは，あんこが好きか，かわが好きか，それとも両方好きなのでしょうか？

生徒：あんこ！

生徒：かわ！

先生：（少し，やり取りをした後）じゃ，ドラえもんの歌，歌ってみて。
　　　♪………（「ドラえもんのうた」の最後の歌詞部分を歌う。）

生徒：（歌い始める）

生徒：あんこ！／かわかな？

先生：じゃ，もう1回，歌ってみようか？
　　　♪………（「ドラえもんのうた」の最後の歌詞部分を歌う。）

先生：あんを取っても，好きなんだね。

生徒：なんだ〜〜。

生徒：かわか〜〜〜？（生徒たちから，笑みが浮かぶ）

先生：あんを取っても好きだから，あんこもかわも両方好きなんだね。
　　　それでは，今日も1日，楽しく仲良く過ごしましょう。

楽しい！と感じる教師の感性が大事！

　どうでしょうか？　朝の会に，短い時間でクイズを出したり，生徒たちが「へえ〜」「なるほど」と思うような知的好奇心のわくような話をしたり，そういうネタを教師が持っていること，そして，**そういうネタを楽しいと思う教師の感性**が大事だと思うのです。

Point 2

ユーモアは，知識がないと笑えない！

教養が試される！

　同じ話をしても，「がはは」とすぐに笑える生徒もいれば，笑えない生徒もいます。その違いは何かというと，**「知識があるかないか」**です。

　例えば，英語の俳句を提示します。

　　　Free care

　　　　　Cowards to become

　　　　　　Miss note

何の俳句か，おわかりでしょうか。

ほとんどの生徒は，わかりません。

そこで，教師の後に繰り返させます。

　「フリーケア　カワーズトビカム　ミスノウト」

さらに，声に出すと，徐々にわかってくるかもしれません。

そして，だんだんと俳句らしく

　「ふるいけや　かわずとびこむ　みずのおと」

に聞こえるように，生徒たちに繰り返させていきます。

　そこで，生徒たちが笑えればいいのですが，中には，ぽか～んとしている生徒もいます。

　つまり，「古池や　蛙飛び込む　水の音」という俳句を知らなければ，笑えないのです。

「ユーモアは　知識がないと　笑えない」のです。

気づかないと，ギャグもスルーされる！

　たまたまギャグになってしまうこともあれば，意図的にギャグを言う場合もあります。

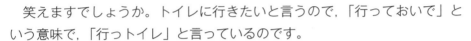

生徒：先生トイレに行っていいですか。
先生：行っトイレ。
生徒：（トイレに向かおうとしながら，先生の顔を見て笑う）

　笑えますでしょうか。トイレに行きたいと言うので，「行っておいで」という意味で，「行っトイレ」と言っているのです。
　先ほどは，「知識がないと笑えない」と言いましたが，今回は，「**気づかないと笑えない**」ということなのです。
　つまり，ユーモアに気づかないと笑えないのです。

説明されて，初めてわかる！

　教室でクイズを出して，答えを言っても，ぽか～んとしている生徒がいます。自力でわからないのです。
　その段階で，答えの意味がわかっていないのです。
　そのような場合，たいていは，わかった隣の生徒が，一生懸命説明します。
　そして，答えの意味がわかったときに，初めて笑います。
　それでも，納得しない生徒がいます。
　そこで，私がもう一度，問題を出すところから始め，解説すると，「あ～～」と，微笑を浮かべます。
　しかし，実は，この段階までくると，クイズって，面白くなくなっているのです。

Point 3

簡単くらいが，ちょうどよい！

できることを重ねていく

小学校に勤めていたときに，算数の授業の最初に，よく「先生問題」を出しました。

> 先生：「先生問題」を出します。難しいかな？
>
>   ①　3−1＝
>
> 児童：簡単！
>
> 先生：ノートに書きます。
>
> 児童：（3−1＝2と書く）
>
> 先生：答えは？
>
> 児童：3−1＝2です。
>
> 先生：正解。できた人？　赤鉛筆で○をします。
>
>   では，②　13−1＝
>
> 児童：できました。
>
> 先生：答えは？
>
> 児童：13−1＝12です。
>
> 先生：では，これは？　前回やりましたね。③　13−8＝

このように，簡単なことからスタートして，前時の復習に入っていました。つまり，できることを重ねていくのです。

「なぞなぞ」は，簡単くらいがちょうどよい！

　私はよく，先輩の先生から，「2学年下の内容から始めるくらいがちょうどよい」とアドバイスされてきました。それが今でも耳に残っています。

　確かにそう思います。それと同じように，なぞなぞやクイズも，簡単くらいがちょうどよいのかもしれません。とくに，なぞなぞでは，ぱっぱっと，どんどん問題を連続的に出せ，答えが出る方が，面白いです。

> 先生：世界のまん中にいる虫は？
> 生徒：なんだ？
> 先生：せ・か・い…のまん中にいる虫。
> 生徒：蚊だ！
> 先生：正解。冷蔵庫の中にいる大きな動物は？
> 生徒：わかった！「ゾウ」。
> 先生：正解。カバンの中にいる動物は？
> 生徒：「カバ」。
> 先生：正解。カバが逆さまになると。
> 生徒：バカ！
> 先生：カバは逆さまになってもカバはカバ。
> 生徒：なんだ〜！

TALK

「クイズ」は，考える過程が楽しい！

　なぞなぞは，テンポよくやっていくのがコツですが，**クイズは，考える過程が楽しい**です。答えを聞いてしまうと，「な〜んだ」となって，終わります。そこで，**すぐに答えに辿りつかせず，じらす**ことも時に必要です。

Point 4

楽しさは，コミュニケーションを生む！

生徒とコミュニケーションが増える！

「楽しさ」は，人と人とをつなぐ役割を果たします。例えば，朝の会で何か楽しい話をします。すると，朝の会が終わり，さっと教師のところに近寄ってきて，「先生，私もクイズ出す」と，話にくる生徒がいます。

また，クイズを出すと，「先生。もっとクイズ出して」と言ってくる生徒もいます。逆に「先生。私もクイズ出す」と言ってくる生徒もいます。

つまり，楽しい仕掛けにより，生徒たちとコミュニケーションを交わす機会が増えるのです。

人は話題がないところ，面白くないところには，集まりません。

何か目的があり，話そう，伝えようという思いや，楽しさのあるところに，コミュニケーションを求め，集まってきます。

クラスが明るくなる！

皆さんの「理想の教室」はどんな教室でしょうか。教室に入ると，シーンと着席をしている教室でしょうか。それとも，わいわいがやがや，生徒たちのにぎやかな声いっぱいの教室でしょうか。

生徒たちの本来の姿から考えると，私はどうしても，楽しい声であふれているにぎやかな教室を想像します。**笑えるということは，信頼関係がある**ということです。**平気で物事が言える雰囲気がある**ということです。その根底

には，やはり1人1人にとっての "楽しさ" があり，それが，教室の雰囲気を創っているような気がしてならないのです。

安心安全な環境が創られる！

教室内になんでも言える雰囲気が，「楽しさ」をつくります。だから，クラスの中で，**つい面白い発言をする生徒が私は大好きです**。ちょっと羽目を外すか，外さないかの，ちょうどよいところで，クラスを笑わせてくれるような，楽しい発言をしてくれる生徒は，教室の宝です。他の生徒たちにとっても，大切な存在でしょう。そのような生徒の発言を取り上げ，褒め，そういう子をヒーローにし，ムードメーカーにします。他の生徒たちも発言しやすくなります。明石家さんまさんをはじめとし，多くの芸人のトークはその点，非常に上手に他人の言葉を受け止め，引き継ぎ，ユーモアと笑いにもっていけているなあとつくづく感心します。

家庭内のコミュニケーションにつながる

人は，楽しいことがあると，他人に伝えたくなるものです。
「先生がこんな話してくれたよ」
「ねえ，こんなクイズ知っている？」
「今日は何の日か知っている？」
などと，楽しい話は，家に帰っての話題になるのです。家で保護者と生徒とのコミュニケーションの機会となっていきます。
そして保護者も，
「じゃ，これ知っている？」
と，子どもにクイズを出したりします。すると，生徒は学校に来て，知ったクイズを友達に出したり，教師に出してきたりします。すると，それらが教師の話材集に加わり，ネタが増えることにもなります。

Point 5

楽しい中に，ルールが生まれる！

"楽しさ" に，決まりが生まれる！

教室でゲームをします。例えば，百人一首をします。百人一首自体は，簡単なゲームです。教師の言った札の後半部分を取ればいいだけです。単純なので，生徒たちは，わいわいがやがや，楽しく行います。しかし，楽しさは，実はそれだけでなく，**ルールの基でやるから楽しいゲームになる**のです。

確実に，どちらかが札を先に取ったとわかる場合はいいのですが，同時に同じ札を取る場合があります。

そんなときには，次のようにルールを付け足します。

先生①：同時に取った人いますか？
　　　　同時のときは，じゃんけんします。

また，勝ちたいあまり，教師から札を言われる前に，両手を札に近づけ，すぐに取れるようにしたり，友達が取れないように邪魔したりする生徒も出てきます。そんなときには，次のように言います。

先生②：はい。手は頭の上。顔は札に近づけません。

または，次のように取るタイミングを指定します。

先生③：先生が Go! と言ったら，取りましょう。

お手付きルールも，やりながら付け足していきます。

　最初は，ゲームを楽しく展開させるために，どんどん取らせていきますが，途中から，次のようにお手付きルールを言います。

先生④：お手付きをした人は，持っている札を1つ相手にあげます。

　逆に，負けが続いたり，やる気を示さない生徒がいたりしたら，相手に失礼だということを伝えます。

先生⑤：一生懸命やらないと相手に失礼です。本気でやりましょう。

　このように，楽しさには，楽しさを維持するためのルールや決まりがあるということを，生徒たちに教えるチャンスでもあります。

楽しければ，生徒はルールを守る！

　クイズを出すと，言いたい気持ちが強く，最後まで聞く前に，答えを言っちゃう生徒がいます。すると，クイズが面白くなくなります。

　そこで，次のように言ってから，クイズを出します。

先生：わかった人は，黙〜って，手を挙げます。

　このように，楽しい活動にするためには，活動を楽しくさせるルールが必要ということになります。生徒たちが教師のルールに従うときは，その活動が楽しいものであればあるほど，それに従おうとします。

Point 6

クイズを掲示する！

今日のクイズを廊下に掲示！

　教師が口頭で言わなくても，今日のクイズとして，廊下や教室内に貼っていくことも楽しくさせる一手です。すると，クイズの好きな生徒は，「今日のクイズは何かな？」と楽しみに，学校に来るのではないでしょうか。

　また，生徒からクイズを出してくる場合もあります。そのうち，クイズ係がクラスに生まれ，係活動として活躍するようになるでしょう。

掲示物に書き込めるようにする！

クイズの中には，いくつも答えがあるものがあります。有名なクイズに，次があります。本書でも，114ページで紹介しているものです。

口に二画足して漢字をつくるクイズです。

このようなクイズは，廊下に貼っておき，生徒たちが自由に答えを書き込めるようにします。

朝，登校すると，クイズコーナーに来て，友達と考えを出し合います。思いついた答えは書いていきます。

> **今日のクイズ**
> 【問題】　口に二画足して，漢字をいくつつくれるかな？
> 例）　口　→　田
>
> □ □ □ □ □ □ □ □ □ □ □
> □ □ □ □ □ □ □ □ □ □ □
> □ □ □ □ □ □ □ □ □ □ □

チャイムが鳴ると，教室に戻りますが，教室に入っても，「口に二画の漢字は，他にあるかな」と教科書や資料集を見ます。そして，新しい漢字を見つけると，休み時間に友達のところに行って，「わかったよ！」と言って，廊下にやって来て，その漢字を足します。

このように，学級や学年に文化をもたらすことができます。

掲示物には，自由さがある！

教室や全体の前で，クイズや遊びをやると，そこには全員を対象とした強制の意味合いがありますが，掲示物を貼っておく方法だと，そこには強制はありません。

興味のある生徒が掲示物に集まって，クイズやなぞなぞを考えたり答えたりします。そういった強制のない自由さの中で，生徒たちの知的好奇心が育っていくのだと思います。

Point 7

話材（ネタ）は使い勝手を考えて，使う！

小出しにする

あまり，話材をどんどん提供してしまうと，ネタがなくなってきます。

そこで，話材を小出しにすることを考えます。

言いたくても我慢して，次の機会にとっておくのです。

ちょうどよいところで止めるのです。

また，すぐに答えを言ってしまうのではなく，考えさせ，そして，帰りの会で答えを確認することもあります。

さらに，家にまで，持って帰らせることもあります。

例えば，論理クイズなどは，「家に帰って考えてきましょう」とすると，家庭での話題にもなるかもしれません。

使った話材はメモする

私は時々，「この話，したっけ？」と生徒たちに聞いてから始めることがあります。実は，大学でも，時々，「先生がイギリスに行ったときの話，したっけ？」と，聞いてから話を始めることがあります。

授業内容であれば，覚えているのですが，雑談となると，忘れてしまうのです。それも，何クラスも教えていたら，尚更です。

そこで，ノートに話したものをメモしたり，あらかじめクイズやなぞなぞなどを一覧にして，話したものは，✓をつけたりしていくとよいでしょう。

生徒からもらう

●- ●

さて，話材がなくなりそうなときはどうするでしょうか。

先生方ですからすぐに思いつくかと思いますが，生徒たちから出させます。

クイズ係を作ってもいいですし，なぞなぞ係にしてもいいです。

係活動の出番となります。日めくりクイズにして，掲示物が登場するかもしれません。

休み時間やチャイムの鳴る授業前に！

●- ●

何気ない休み時間，生徒が近くにいるとき，雑談をします。その雑談の中で，話題が尽きたとき，とっさに，教師が知っている面白ネタを話します。

「こんなクイズ知っている？」

「ここにシャンプーが1本，シャンプーが2本，シャンプーが3本。

じゃ，これは何本（なんぼん）？」

と出します。

すると，生徒はあてずっぽうで，「1本！」「2本！」「3本！」と言っていきます。「3本」が正解ですので，「3本」と言ってきた生徒に，「正解！」と言って，褒めます。

続けて，同じように，もう1回，

「ここにシャンプーが1本，シャンプーが2本，シャンプーが3本。

じゃ，これは何本（なんほん）？」

と言います。答えは，「2本」です。

これは，私が「なんぼん」と言ったときは，「〜ぼん」ですから，「3本」が答えになり，「なんほん」と言ったら「2本」，「なんぽん」なら「1本」となるクイズです。これは，魚が「一匹（いっぴき）」「二匹（にひき）」「三匹（さんびき）」でも使えます。

$Tips$

マズローの欲求5段階説

　マズローは，自己実現に至る欲求を，次の5段階に設定しました。最初の段階は，「①生理的欲求」です。

　生きるために必要な欲求ですので，食べたり，寝たり，排せつしたり，そういう自由を求める欲求です。

　これが満たされると，次の「②安全欲求」になります。自分の場所の安全が確保されているかという視点です。

　そういう意味では，教室の中を安心安全な生活や学習の場所にすることが2番目にやらなくてはいけないことなのでしょう。

　その後，「③所属と愛情欲求」「④自尊欲求」「⑤自己実現欲求」と続きます。その2番目の安心安全な空間を創るのも，色々な意味での「楽しさ」だと考えるのです。

図　マズローの欲求5段階説

Chapter 2

スキマ時間に
使える
学級トーク &
ミニレク
100

01

もぐったり，沈んだり！

先生はユーモアが大事

　生徒たちにはユーモアをもって接したいです。朝の会や授業や学級活動等のスキマ時間で，次のようなクイズはどうでしょうか。

> **先生**：こういう話，知っている？
> 　　ここに崖があるの。人が1人立っていて，約30度の角度で石を投げたら，その石が海の中で，もぐったり沈んだり，してたんだって。なんでだと思う？

TALK

　クイズを出しながら，次のような絵を黒板に描きます。

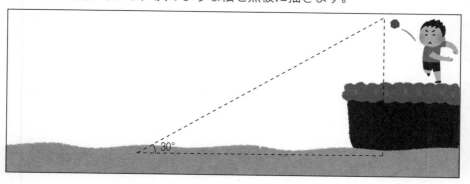

クイズのポイントは，手を上下に動かすこと！

　先ほどのクイズで「もぐったり沈んだり」のところを次のように，ジェスチャーで手を上下させます。

| | TALK |

先　生：石が海の中で，もぐったり沈んだり（手を上下に動かす）
　　　　してたんだって。なんで？

生徒①：海の中で魚が石をくわえて，プカ
　　　　プカ浮いている。

生徒②：波があって，石が上下に。

先　生：じゃ，もう1回言うよ。
　　　　じゃ，**今度は全員立って。**

生　徒：（立つ）

先　生：よ～く聞いて，**わかったら，黙～って，座りましょう。**いい？
　　　　石がね。もぐったり沈んだり，もぐったり沈んだり。**わかった
　　　　人は座ろう！**

　このようにすると，座った生徒は，どうしてなのかを人に伝えたくなります。また，まだわからない生徒は，「なんでなの？」と座った生徒の方を見て，不思議がります。**このことが面白いのです。**

　数回繰り返した後，最後に，次のように答えを言います。

| | TALK |

先生：「もぐる」ってどういうこと？

生徒：海の中に入っていくこと。

先生：「沈む」ってどういうこと？

生徒：下の方にいくこと。

生徒：わあ，同じじゃん！

02

風がないのに，あいたりひらいたり！

ユーモアは続ける！

　クイズは1回では終わりにしないで，連続的に行うのがコツです。前回の「もぐったり，沈んだり！」（28ページ）と同じ発想で行います。すると，今回は，生徒たちは騙されません。笑みが浮かびます。

> 先生：するとね。無人島がありました。そこに小屋があって，風がないのに，扉が，あいたりひらいたり，していました。どうして？

　もちろん，「あいたりひらいたり」では，次のように手を動かします。

　すると生徒は，「あ〜〜」となり，笑みが浮かびます。つまり，「開いたり」「開いたり」ですから，開きっぱなしということですね。

03

■面白さ：★★☆☆☆
■ひっかかり度：★★☆☆☆
■時　間：2分

白い卵は，誰の卵？

クイズに連続性をもたせる！

　先ほどの「もぐったり，沈んだり！」（28ページ）で使った絵に付け足していき，さらにストーリーにしていきます。

TALK

先　生：それでね。その無人島に白い卵があって。そばにウサギとカメがいたんだって。**その卵は，どっちの卵？**
ウサギだと思う人？　カメだと思う人？　なんで？

生徒①：だって，ウサギは卵を産まないよ。

生徒②：な～んだ！

先　生：それでね。そのカメの上に子ガメが乗ってきて，その子ガメの上に，こんな小さな孫ガメが乗ってきました。そこに1匹のカエルがやってきました。**そのカエルは，親でしょうか，子でしょうか。**

生　徒：親！／子！

先　生：カエルの子は…？

生　徒：おたまじゃくし！／あ～～。な～んだ！

　実際，子が産まれて親になるので，カエルの産卵時期（5月～6月）までは，カエルもまだ子どもなのかもしれません。

04

銀行強盗はどこから逃げた？

銀行強盗は，どうやって逃げたの？

実話のような感じで，次のようなクイズを出します。

先　生：クイズを出しますね。もう20年も前の話だけど，ここの
　　　　町の△△銀行に，2人組の強盗が入ってきたんだって。
　　　　でも，すぐに警察が出口をふさいだんだけど，強盗は逃げてし
　　　　まったんだって。なんでだと思う？

生徒①：警官の制服を着ていたから，逃げられた。

先　生：なるほど…でも違うね。

生徒②：裏口から逃げた。

先　生：とにかく，出口をすぐにふさいだんだなあ…。

生徒③：屋上からヘリコプターで逃げた。

先　生：もう1回，言いますね。2人組の強盗が入ってきて，警察がす
　　　　ぐに，出口をふさいだんだけど，強盗は逃げてしまった。すぐ
　　　　に出口をふさいだの。でも逃げてしまった。なんでだ？　隣の
　　　　人と相談して。

生　徒：（隣の人と相談する）

先　生：わかった人？

生徒④：はい。出口をふさいだので，入り口から逃げた。

先　生：正解！

05

■面白さ：★★★☆☆
■ひっかかり度：★★★★☆
■時　間：2分

50階建てのマンションから人が落ちた！

マンションから人が落ちた？

先入観が邪魔をする問題です。

先　生：50階建てのマンションから1歳の男の子が落ちてしまっ
　　　　たんだって。でも，擦り傷程度で，助かったんだって。
　　　　なんでだと思う？

生徒①：下に大きな木があって，そこがクッションになった。

先　生：そうだといいですね。

生徒②：夢だった。

先　生：夢ではありません。本当に落ちてしまったのです。

生徒③：布団と一緒に落ちた。

先　生：隣の人と相談して。

生　徒：（隣の人と相談する）

先　生：わかった人がいますね。では，正解を…。

生徒④：マンションの1階から，落ちた。

先　生：正解！　50階建てのマンションから…ですからね。

$\dfrac{1}{2} + \dfrac{1}{3}$ は，いくつ？

計算問題を出す！

分数の問題を出します。

先生：問題を出します。簡単だよ。$\dfrac{1}{2}+\dfrac{1}{3}$ は？　　TALK

黒板にも書きます。

Blackboard

$$\dfrac{1}{2} + \dfrac{1}{3} =$$

生徒：6分の5！　　　　　　　　　　　　　　　　　TALK
先生：え？　6分の5？　どうして？
生徒：（説明する）
先生：え？　ちょっと待って。これ小学校でやったよね。
　　　5分の2じゃないの？
生徒：なんで？

絵を描いて確認する！

先　生：だって。例えば，ここにリンゴが２つあるでしょ。２つ
　　　　のうちの１つがこれ，$\frac{1}{2}$ですね（黒く塗る）。こっちは
　　　　リンゴが３つあります。１つ塗るね。これは３つのうちの１つ
　　　　だから$\frac{1}{3}$ですね。黒く塗ったリンゴはいくつ？

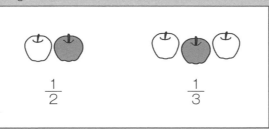

生　徒：２つ！

先　生：ほら。５つのうちの２つでしょ。答えは５分の２！　違う？

生　徒：（無言／でも違うよ…というような不思議な顔をする）

先　生：何か意見ある？

生徒①：おかしいよ。

先　生：なんで？

生徒①：だって，「２分の１」って，「２つのうちの１つ」ではなくて，
　　　　「１つのものを２つに分けた１つ分」でしょ。

先　生：正解者に拍手！　そうだね。分数っていうのは，「１つのもの
　　　　をいくつかに分けて，その何個分」ということでしたね。

　　最後は，分数の意味を伝えながら，正解を告げておくことを忘れずにしま
しょう。$\frac{5}{6}$が正解です。

07

■面白さ：★★☆☆☆
■ひっかかり度：★★☆☆☆
■時　間：5分

木偏に色を足すと何になる？

木偏の漢字で，ひっかけクイズ！

漢字のクイズです。ひっかけクイズです。

先　生：木偏のクイズを出します。木偏に赤と書いて，トマトと
　　　　読むとします。木偏に「紫」は何になる？

生　徒：ナス！

先　生：すごい！　じゃ，木偏に「緑」なら？

生　徒：キュウリ。／ピーマン。

先　生：キュウリです。では，木偏に黄色の「黄」は？

生　徒：バナナ。／パプリカ。／カボチャ。

生徒①：わかった。レモン！

先　生：お〜〜〜。でも違う！　もう一度言うね。
　　　　木偏に黄色の「黄」は？

生　徒：木偏に黄色の「黄」でしょ？

先　生：わかった人？

生　徒：（手を挙げる）

先　生：こっち来て！（と言って，小さな声で言わせる）
　　　　正解！
　　　　木偏に黄色の「黄」は…「横」でした！

ひっかけ問題

08

スキマ時間に使える
学級トーク＆ミニレク100

Chapter 2

■ 面白さ：★★☆☆☆
■ ひっかかり度：★★★★☆
■ 時　間：3分

ひっかけ問題

魚偏の漢字ひっかけクイズ

魚偏の漢字で，ひっかけクイズ！

　魚偏の漢字はたくさんあります。最初は，簡単な漢字を黒板に書いてなんと読むか生徒に尋ねていきます。

先　生：魚偏に「土」2つで，なんだ？（黒板に「鮭」と書く）
生　徒：さけ。
先　生：「さけ」ですね。では，魚偏に「弱い」は？
生　徒：いわし。
先　生：そうですね。鰯は，陸に揚げるとすぐに弱ってしまうんですね。では，魚偏に「雪」は？
生　徒：たら？
先　生：そうですね。なぜかというと，雪が降る冬の季節にたくさんとれる魚だったり，身が白かったりするところから魚に雪という字になったと言われています。
先　生：じゃ，最後の問題。**魚偏に魚と書いて，なんて読む？**
生徒①：うおうお！／生徒②：めざし！／生徒③：ぎょぎょ！
先　生：魚が2匹なので，「煮魚（にざかな）」です。
生　徒：なんだ〜〜！

09

まさる君は，なんの病気？

どんな病気？

人間の心理でしょうか…最初の前提を聞き逃してしまいます。

先　生：まさる君が，風邪を引いて寝ていました。友達が見舞い
　　　　に行く途中，牛が「モー」と鳴いて，ちょうちょうが
　　　　「ちょー」と鳴きました。まさる君はなんの病気で寝ていたの
　　　　でしょうか。

生徒①：簡単，簡単。盲腸。

先　生：もう1回，言うね。（問題を繰り返す）

生徒①：盲腸でしょ！／生徒②：わかった。

先　生：わかった人は，黙って手を挙げて。（わかった生徒は手を挙げ
　　　　る）では，もう1回だけ，言うね。
　　　　（問題を繰り返す）

先　生：では，答えをみんなで。せーの。

生　徒：か～ぜ。

先　生：正解！

生徒①：なんで？

生　徒：だって，先生が最初に，「まさる君が，風邪を引いて寝ていま
　　　　した」って，言ってたじゃん。

生徒①：わあ～～，ひっかかった。

ひっかけ問題

10

■面白さ：★★★☆☆
■ひっかかり度：★★★★★
■時　間：3分

何歳でできるの？

年齢制限問題

　少し考えるとわかる問題ですが，とっさに言われると騙されてしまう問題があります。次はどうでしょうか。

> **TALK**
>
> 先生：お酒は何歳から飲めますか？　　　生徒：20歳！
> 先生：タバコは何歳から吸えますか？　　生徒：20歳！
> 先生：では，車は何歳から乗れますか？　生徒：18歳！
> 先生：違います！　　　　　　　　　　　生徒：なんで？
> 先生：赤ちゃんでも乗れます！　　　　　生徒：やられた〜〜。

タクシー運転手が一時停止しない？

> **TALK**
>
> 先生：タクシーの運転手が，止まれの標識で止まらないで行っちゃった。でも，警察官は何も言わなかった。なぜでしょう。
> 生徒：警察官の友達だったから。／警察官は非番だった。／歩いていたから。
> 先生：正解！　別にタクシーに乗っているとは言っていないよね。
> 生徒：な〜んだ。

11

直径20cmの穴に，どうやってバスケットボールを通す？

どうやって穴に通す？

先　生：クイズを出します。直径20cmの穴に，バスケットボール
　　　　を通すには，どうしたらいいでしょうか。

生徒①：無理やりぐいぐいって，押し込む。

先　生：近くの人と相談してみよう。

生徒②：あっ，わかった！

先　生：わかった人？

生　徒：（数名手を挙げる）

先　生：もう一度言うね。直径20cmの穴に，バスケットボールを通すに
　　　　は，どうしたらいいでしょうか。わかった人？

生　徒：（手を挙げる）

先　生：もうちょっと，考えた方がいいかな？
　　　　（少し時間をとる）
　　　　では，答えは？

生徒②：空気を抜いて，穴を通す！

先　生：正解！

12

■面白さ：★★★★★
■ひっかかり度：★★★★☆
■時　間：3分

2位を抜いてゴールイン！何位？

まさる君は，何位なの？

これも，とっさに答えると，ひっかかってしまうクイズです。

先　生：まさる君は，100m走で，ゴール直前に，2位を抜いて
　　　　ゴールインしました。まさる君は，何位でしょう？

生徒①：1位！

先　生：1位？　違います。

生徒①：意地悪クイズ？

先　生：いや，意地悪クイズじゃないよ。真面目な問題。
　　　　みんなも走って，2位を抜いてゴールしたら，何位？

生徒①：1位！　2位を抜いてゴールしたんだから。1位だよ。

生徒②：わかった！

先　生：わかった？　答えは？

生徒②：2位。

先　生：なんで？

生徒②：2位を抜いても，1位が前にいるからね。

生徒①：あ～，そうか…。なんか変だな？

13

「知らない」って，言っちゃだめだよ！

「知らない」って，言ったら負け

ひっかけクイズです。休み時間にやるといいでしょう。

先　生：「知らない」って，言っちゃだめだよ。

生徒①：はい。

先　生：ここに大きな山があります。（黒板に，山の絵を描く）
こっちからウサギがやって来て，こっちからカメがやって来ました。その後，何をしたでしょうか。

生徒①：競争した！

先　生：そうだね。ウサギとカメは，山を登って競争しました。
どっちが勝った？

生徒①：え～，カメ。

先　生：え！　すごい！　そう，カメが勝ったんだよね。仲良く山を下りてきたら，何があったと思う？

生徒①：川。

先　生：そうです。川がありました。

生徒①：おっ。（当たって嬉しそうな顔）

先　生：その川にはボートがあったんだけど，ウサギとカメは，乗ったかな？

生徒①：乗った。

先　生：どっちがボートを漕いだの？

生徒①：カメ。

先　生：あれ？　この話，知ってるの？

生徒①：知らない！

先　生：はい。「知らない」って，言いました～～～。

生徒に合わせ，ストーリーを語っていく

「知らないって，言ったらだめだよ」は，適当に作り話をしながら，生徒の話に合わせ，「そうなんだよ」「～したんだよ」と言いながら，話を合わせ，最後には，「すごい！　知っているの？」と言うと，反射的に「知らない」と言ってしまうネタです。

生徒は，途中から不思議そうな顔をしながら，

　「おっ，当たった」「なんで？」

という表情をします。

そして，ある程度，話が進み，

　「あれ？　この話知っているの？」

と聞くと，たいていは，

　「知らない！」

と，言ってきます。

そこで，

　「今，『知らない』って言ったね」

と，優しく言ってあげます。

1^2_4

■面白さ：★★★★★
■ひっかかり度：★★★★☆
■時　間：3分

同じことを2度言っちゃだめだよ！

同じ言葉を2度言ったら負け

これも意外とひっかかります。上手にやってみてください。

先　生：同じ言葉を2度言ったら負けだよ。先生の後に繰り返し
　　　　てね。赤。
生徒①：赤。
先　生：黄色。
生徒①：黄色。
先　生：緑。
生徒①：緑。
先　生：紫色。
生徒①：むらさ…。（黙る）あっぶね〜。
先　生：黒。
生徒①：黒。
先　生：だいだい。
生徒①：だいだい。
先　生：えっ？
生徒①：だいだい！
先　生：負け〜！　先生が「え？」って言ったら，「だいだい」って言
　　　　ったね。
生徒①：あ〜，やられた…。

15

■面白さ：★★★★★
■ひっかかり度：★★★★★
■時　間：3分

「なんで」って，言ったら負けだよ！

「なんで」って，言ったら負け

今度は，「なんで」って，言ったら負けという遊びをします。

先　生：じゃ，今度は，「なんで」って，言ったら負けだよ。
生徒①：はい。
先　生：先生と同じことを繰り返してね。赤。
生徒①：赤。
先　生：黄色。
生徒①：黄色。
先　生：青。
生徒①：青。
先　生：緑色。
生徒①：緑色。
先　生：負け！
生徒①：なんで？
先　生：ほら，「なんで」って，言ったら負けだよって言ったじゃん。
生徒①：あ〜，やられた〜。

つい，「負け！」って，言われると，「なんで？」と言いたくなるものです。

ひっかけ問題

16

■面白さ：★★★★★
■ひっかかり度：★★★★★
■時　間：10分

「日」に１本足して，漢字をつくろう！

いくつ漢字がつくれるかな？

「日」という字を10個，黒板に書きます。

Blackboard

日　日　日　日　日　日　日　日　日　日

TALK

先　生：「日」に１本足して，色々な漢字をつくりましょう。
　　　　いくつつくれるかな？　例えば，どんな漢字があるかな？
生徒①：白！
先　生：そうだね。では，ノートを開いて，漢字をつくっていきましょ
　　　　う。

さて，皆さんもやってみてください。

（答えは，172ページ）

17

■面白さ：★★★★★
■ひっかかり度：★★★★★
■時　間：10分

マッチ棒1本を足して，正三角形が2つ作れる？

今度は，マッチ棒を1本使って，正三角形を2つ作る！

マッチ棒を使った，少し意地悪なクイズです。

先生：この正三角形に，マッチ棒を1本使って，これと同じ正三
　　　角形を2つ作ってみましょう。

Blackboard

先生：鉛筆でもできますので，こうやって正三角形を作って，鉛
　　　筆1本で，正三角形を2つにしてください。
生徒：（机の上に鉛筆で正三角形を作る）
先生：鉛筆を1本使って，正三角形を2つにするんですよ。

（答えは，172ページ）

18

つい，ひっかかってしまう計算！

数字を足していきましょう！

　数字を黒板に書いていき，どんどん足していく問題です。次のようにやっていくと，なぜか生徒は「5000！」と言ってしまいます。

> 先生：小学校3年生の問題を出します。どのくらいできるかな？
>
> 　　　これができたら，3年生は修了です。
>
> 　　　（黒板に1000と書き）はい。いくつ？
>
> 生徒：1000！
>
> 先生：数字を書いていきますので，どんどん足していってください。
>
> 　　　（1000の下に10と書く）
>
> 生徒：1010。
>
> 先生：（1000と書く）
>
> 生徒：2010。
>
> 先生：（20と書く）
>
> 生徒：2030。
>
> 先生：（1000と書く）
>
> 生徒：3030。
>
> 先生：（30と書く）
>
> 生徒：3060。

先生：（1000と書く）

生徒：4060。

先生：（40と書く）

生徒：5000！

先生：え〜〜っ？

Blackboard

1000
10
1000
20
1000
30
1000
40

つい，ひっかかってしまう！

正解は，4100なのですが，この計算をやっていくと，ついつい「5000」と言ってしまいます。

もちろん，すぐに気づいて，「あーーっ」と笑みを浮かべる生徒もいますし，逆に，「なんで？　違うの？」と，訳のわからなくなっている生徒もいます。

その場合は，黒板の数字をさしながら，もう一度，計算させていくといいでしょう。

なお，最初に，「小学校〇年生レベルの問題を出します」などと言って，「え？　そんなの簡単！」と思わせてから始めるといいでしょう。

19

正三角形を正五角形にしよう！

超難問！ひっかけクイズ

「クイズを出します」と言って，次のように問題を出していきます。

先生：正三角形に，2本線を足して，正五角形にしてください。
　　　やってみましょう。

　生徒は，ノートを開いて，あれこれ考えます。教師は，生徒の様子を見に行き，どんなふうに考えているか，見て回ります。
　実際に，図を描いて考えている生徒もいます。

生徒①：わかった！　正三角形のここに，2本入れると，ここに，正五角形ができます。

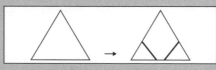

先　生：これ，正五角形かな？　正三角形のここは，60度だけど，正五角形は，108度だから，ちょっと違うね。

（答えは，172ページ）

20

■面白さ：★★★★★
■ひっかかり度：★★★★★
■時　間：3分

指１本で，Ｙの字を作ろう！

指でアルファベット文字を作ってみよう！

アルファベットで遊んでみましょう。

> **先生**：指を使って，アルファベットの大文字を作ってみましょう。
>   まずは，簡単なところから，Ｏ。
> **生徒**：（親指と人差し指で）Ｏ。できました。
> **先生**：簡単ですね。では，何にしようかな。Ｏの次，Ｐ。
> **生徒**：できました。
> **先生**：他にどんなのができるかな？
> **生徒**：（色々，指で作ってみる）
> **先生**：では，超！難問です。今度は，指１本でＹの字を作りましょう。

　生徒は，指１本で，Ｙの字を一生懸命作ります。でも，なかなか作れません。あきらめる生徒も続出です。そこで，言います。

> **先生**：もうギブアップですか？　答えを言ってもいいですか？

（答えは，172ページ）

■面白さ：★★★★★
■難易度：★★★★☆
■時　間：10分

オオカミと2匹のヒツジを無事に向こう岸へ！

論理的に考える！

頭を使う有名なクイズがあります。

先生：ここに川があります。そこにオオカミが1匹，ヒツジが2
匹，そして，人が1人います。オオカミは，人がいないと，
ヒツジを食べてしまいます。大事なことなので，もう1回言いま
すね。オオカミは，人がいないとヒツジを食べてしまいます。
うまくこの3匹をボートで向こう岸に運びたいと思います。
どうやって運んだらいいでしょうか。

問題のひっかかりポイント！

　この問題では，次の①〜③は，生徒の誰もが考えます。問題は，その後になります。④の状態では，オオカミはヒツジを食べてしまいます。そこで，④以降をどうしたらいいか，考えるところが面白いところです。

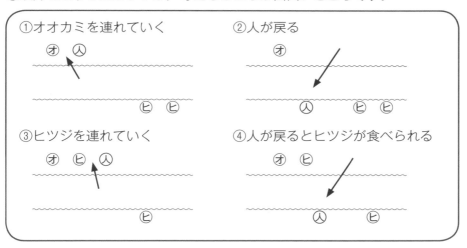

わかった生徒は，こっそり先生に伝える！

先　生：わかった人は，先生のところに来て，説明してください。
生徒①：（小さな声で）〔③の場面で〕ヒツジを連れていったら，
　　　　その帰りに，オオカミを連れて帰ります。そして，ヒツジを運
　　　　び，最後にオオカミを運べば，無事連れていけます。
先　生：（小さな声で）正解！

　④のときに，オオカミを連れて，人が川を渡れば，ヒツジは食べられずに済みます。

22

■面白さ：★★★★☆
■難易度：★★★★☆
■時　間：10分

1つだけ重い球を見つけよう！

9つの球の中にある1つだけ少し重い球を探し出そう！

黒板に，〇を9個描きます。

先生：ここに9つの球があります。その中の1つだけは，ちょっ
とだけ重たいです。でも，人が持っても重さの違いがわか
りません。そこで，天秤を使って，1つだけ重い球を見つけても
らいたいのです。ただし，天秤は，1回使うと壊れてしまいます。
天秤は2つありますので，2回だけしか量ることができません。
どうやって，探し当てたらいいでしょう。

TALK

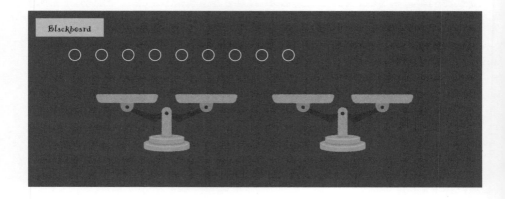

答え方　〜最初に３つずつ量る！〜

　まず，３つずつ量ります。それで釣り合えば，残りの３つの中に１つだけ重い球があるということになります。

　そこで，残りの３つのうち２つを天秤に載せ，量ります。

　釣り合えば，天秤に載せていない１つが重いことになります。

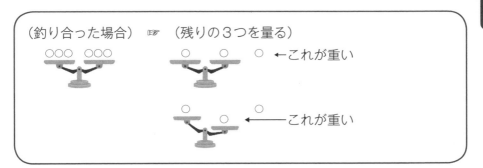

　もし，最初の３つずつでどちらかが重ければ，その３つの中に１つ重い球があることがわかります。そこで，その３つのうち２つを天秤に載せ，釣り合えば，天秤に載せていない１つが重いことになります。釣り合わなければ，その時点で重い球を見つけることができます。

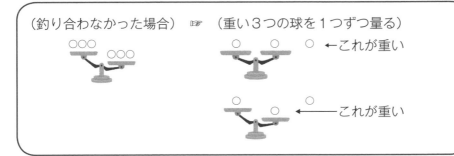

23

■面白さ：★★★★☆
■難易度：★★★★☆
■時　間：4分

消しゴムの値段は，いくら？

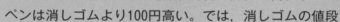

ちょっと，頭を使う問題

一瞬，答えを間違ってしまう問題です。皆さんもやってみてください。

先　生：ボールペンと消しゴムの値段は合わせて110円。ボール
　　　　ペンは消しゴムより100円高い。では，消しゴムの値段
　　　　は？

生徒①：簡単簡単。えーと…100円高いから，わかりました！

先　生：先生のところに来て教えて。

生徒①：ボールペンは100円です。

先　生：違いま～す。もう一度，考えてみましょう。

生徒②：わかった！

先　生：じゃ，前に来て！

生徒②：（答えを言う）

先　生：正解！　誰にも言わないでね。

　消しゴムが10円だとすると，消しゴムより100円高いボールペンは110円に
なり，2つを合計すると120円になってしまいます。

　正解は，消しゴム5円，ボールペン105円です。

24

■面白さ：★★★★☆
■難易度：★★★☆☆
■時　間：5分

線香2本で，45分を計ろう！

線香の火をどこにつける!?

有名な問題です。次のような図を描いて，説明します。

Blackboard

線香 ━━━━━━━━━ 1時間
線香 ━━━━━━━━━ 1時間

先生：線香が2本あります。どちらも1時間で燃え尽きます。この2本の線香を使って45分を計るには，どうしたらよいでしょうか。

生徒：（考える）

先生：友達と相談してもいいです。わかった人は，前に来ましょう。

生徒：わかりました。（小声で説明する）

先生：正解です！

（答えは，172ページ）

25

油分け算① 5Lマスと3Lマスで4Lを量ろう！

油分け算に挑戦！

頭の体操です。

| 問　題 | 5Lマスと3Lマスがあります。この2つのマスを使って 4Lの水を量ります。どのようにすればいいでしょうか。 |

先生：ここに5L入るマスがあります。こっちは3L入ります。
　　　この2つだけを使って，4Lを作りましょう。

生徒：（考え始める）

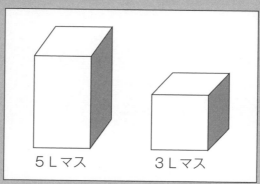

わかった生徒は，こっそり先生に伝える！

TALK

先　生：わかった人は，先生のところに来て，説明してください。

生徒①：できた！（先生のところに来て，小声で言う）

まず，５Ｌの水を作ります。それを３Ｌマスに入れます。それ
を捨てちゃいます。５Ｌマスに残っている２Ｌを３Ｌに入れま
す。もう一度，５Ｌマスに水を入れます。

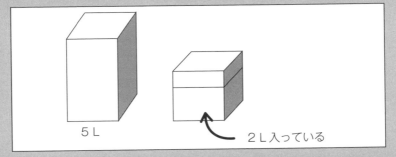

５Ｌ　　　　　　　　　　　　　２Ｌ入っている

生徒①：５Ｌの水を２Ｌ入っている３Ｌマスに入れ，満杯になると，５
Ｌマスには４Ｌ残ります。

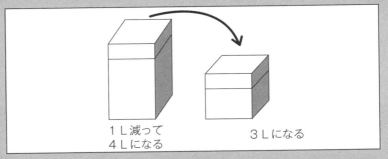

１Ｌ減って　　　　　　　　　３Ｌになる
４Ｌになる

先　生：正解！　よくわかったね。

26

油分け算②　7Lマスと3Lマスで5Lを2つ作ろう！

油分け算の2つ目！

同じタイプの問題は，続けるとよいです。

先生：では，第2弾です。10Lマスに水が入っています。その水
　　　を7Lマスと3Lマスを使って5Lを2つ作りましょう。

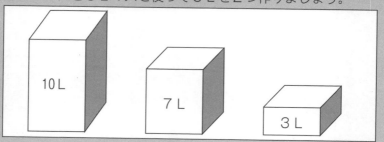

教師は，生徒のところに行きながら，どのように考えるか見て回ります。
できた生徒は，教師のところに来て，考えを言うように指示します。

数字で考えを表していく！

生徒①：まず，10Lの水を3Lマスに移します。その3Lの水を
　　　　7Lマスに移します。10Lマスには7Lが残っているの

で，その水を３Ｌマスに入れます。すると，４Ｌ，３Ｌ，３Ｌ
となります。

先　生：数字で書いてみて。最初は，10　０　０　だったよね（①）。
次は？

生徒①：３Ｌマスに水を入れて，７　０　３　になって（②），その３
Ｌを７Ｌマスに移し，７　３　０　となります（③）。そして，
10Ｌマスに残っている７Ｌを３Ｌマスに入れます（④）。３Ｌ
マスの水３Ｌを，７Ｌマスに入れます。すると，４　６　０
になります（⑤）。

10Ｌマスの４Ｌを３Ｌマスに入れます（⑥）。

以下，次のようにしていくと５Ｌが２つ作れます。

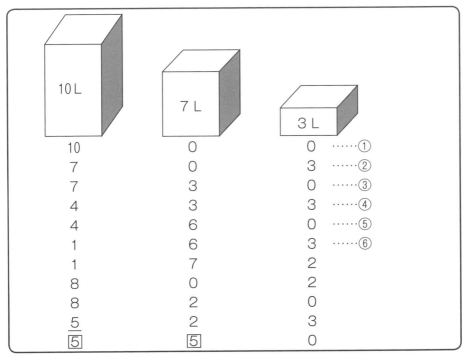

10 L	7 L	3 L	
10	0	0	……①
7	0	3	……②
7	3	0	……③
4	3	3	……④
4	6	0	……⑤
1	6	3	……⑥
1	7	2	
8	0	2	
8	2	0	
5	2	3	
5	5	0	

27

帽子の色は何色？

何色の帽子かわかりますか？

先生：帽子が5つあります。赤い帽子3つと，白い帽子2つです。
王様が3人の兵隊を1列に並ばせ，1人ずつ帽子をかぶら
せました。余った2つの帽子の色は3人には何色かわかりません。
3人の兵隊は前を向いているので，前の人の帽子は見えますが，
自分と後ろの人の帽子は見えません。

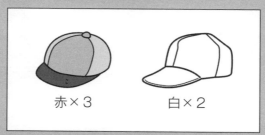

赤×3　　　白×2

先生：王様は，まず一番後ろの人に「自分の帽子が何色かわかります
か」と質問しました。すると，「わかりません」と答えました。
次に王様は，まん中の人に「自分の帽子が何色かわかりますか」
と尋ねると「わかりません」と答えました。その2人の答えを聞
いて，一番前の人は，「わかりました！」と答えました。**一番前
の人の帽子の色は，何色でしょうか。**

こう考える！

　一番後ろの人が「わかりません」と言っていることから，前の２人は，「白白」ではないことがわかります。「白白」なら，必然的に一番後ろの人は赤になります。そこで，次のＡＢＣの３通りが考えられます。

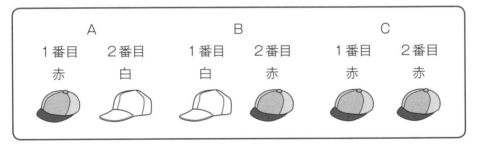

　２番目の人も「わかりません」と言っています。もし，一番前の人の帽子が「白」であるならば，「白白」はないので，自分が赤となり「わかります」と答えるはずです。でも，「わかりません」と答えていることから，Ｂではありません。そこで一番前の人の帽子は「赤」ということになります。

28

全員の帽子の色は何色？

5人の帽子の色を当てよう！

先生：白い帽子が4つ，赤い帽子が3つあります。5人の兵隊が
1列に並んでいます。王様は1人ずつ帽子をかぶせました。
5人は，前を向いているので，前の人の帽子の色はわかりますが，
自分と後ろの人の帽子の色はわかりません。一番後ろの人に「自
分の帽子が何色かわかりますか」と尋ねると，「わかります」と
答えました。後ろから2番目の人も「わかります」と答え，後ろ
から3番目の人も「わかります」と答えました。さらに前から2
番目の人も「わかります」と答えました。全員の帽子の色は何色
でしょうか。

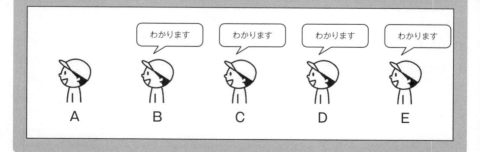

こんなふうに考えよう！

　帽子の色は，白が４つ（白白白白），赤が３つ（赤赤赤）です。一番後ろ
のＥさんが，前を見て，「わかります」と答えていることから，**４人とも白
色の帽子をかぶっているか，４人のうち３人が赤色の帽子をかぶっているか**
のどちらかとなります。この段階では，一番後ろのＥさんは，赤か白のどち
らかで，確定はできません。

【選択肢】　①白白白白｜赤　　　②白赤赤赤｜白　　　③赤白赤赤｜白
　　　　　　④赤赤白赤｜白　　　⑤赤赤赤白｜白

　次に，後ろから２番目のＤさんは，Ｅさんの発言も踏まえ，「わかります」
と言っています。この段階では、選択肢として①〜⑤が残ります。
　また，後ろから３番目のＣさんが「わかります」と言っています。もし，
①のように，前が「白白」なら，Ｃさんも「白」ということがわかります。
さらに，②③のように，前に「白」と「赤」がいれば，Ｃさんは「赤」とわ
かります。しかし，④⑤は，目の前の２人が「赤赤」ときているので，Ｃさ
ん，もしくは４番目のＤさんが「赤」ということになりますので，Ｃさんは
判断できません。よって，④⑤は，除外されます。

【選択肢】　①白白白白｜赤　　　②白赤赤赤｜白　　　③赤白赤赤｜白
　　　　　　④赤赤白赤｜白　　　⑤赤赤赤白｜白

　最後に，前から２番目のＢさんは，①や②のように，先頭の人が「白」だ
った場合，Ｂさんは，「白」のこともあるし，「赤」もあります。そこで，①
②は除外され，正解は，③の「赤白赤赤白」となります。

29

Ａさんの座席はどこ？

Ａさんの座席を当てよう！

次のようなクイズで，頭の体操をします。

> 先　生：今からクイズを出すね。ここに椅子が並んでいます。
> （と言って，黒板に□を書く）これをアイウエオとします。

> Blackboard
>
> 　　　□　□　□　□　□
> 　　　ア　イ　ウ　エ　オ

> 先　生：Ａさん，Ｂさん，Ｃ君，Ｄさんの４人が椅子に座ってい
> 　　　　ます。ＡさんとＣ君の間は空席で，ＡさんとＤさん，及
> 　　　　びＢさんとＤさんが隣同士のとき，Ａさんの席は，アイウエオ
> 　　　　のうちのどこでしょう。
> 生徒①：えーと…。ちょっと待ってね。
> 生徒②：わかった！
> 先　生：わかっても，少し黙って待っていてください。そんなに難しい
> 　　　　問題ではありません。もう一度言うね。
> 先　生：わかった人？　じゃ，答えを言いましょう。せーの。
> 生　徒：ウ！
> 先　生：正解です。

30

■面白さ：★★★★★
■難易度：★★★★☆
■時　間：10分

線と線を交差せず，つなげられるかな？

交差しないで線がつなげられるかな！

　これは，年齢が高くなればなるほど，答えが思いつかない，先入観が邪魔する問題です。

　次のような図を黒板に描きます。

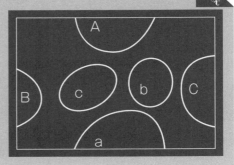

先生：問題です。大文字と小文字を線でつないでください。例え
　　　ば，ここのAとa，Bとb，
　　　Cとcを線でつなぎます。
　　　ただし，線が交差したり，
　　　枠から出たりしてはいけま
　　　せん。

　ここでは，意図的に，黒板に書かれたAとaを指さして，線でつなぐということを最初に強調するといいです。

　なお，生徒の中には，□の枠から線をはみ出して描く場合がありますので，最初に「枠から線は出ません」と言っておきます。

（答えの例は，172ページ）

31

カレンダーの秘密

□で囲った数字をすべて足すと？

カレンダーを持って来て，生徒たちに見せ，次のように進めます。

> **先生**：カレンダーがあります。例えば，□で囲ったところの数字
> を全部足すといくつでしょう。**答えは，**
> **153です。**試しに，計算してみてください。
> **生徒**：153になった。
> **先生**：では，誰かこのように，９つの数字を□で
> 囲ってみてください。

TALK

6月						
日	月	火	水	木	金	土
	1	2	3	4	5	6
7	8	9	10	11	12	13
14	15	16	17	18	19	20
21	22	23	24	25	26	27
28	29	30	31			

カレンダーの秘密

この問題は中学校の数学で習うのですが，**□で囲んだまん中の数字に９を**
掛ければ，合計が出ます。

上のカレンダーでは，９日の９に７を足すと16になり，10も11も７を足す
と17，18になります。逆に23，24，25からそれぞれ７を引くと，16，17，18
となり，16に１を足し，18から１を引くと17になり，９つの数字がすべてま
ん中の17になります。

そこで，まん中の数字に９を掛ければ，合計が出るということになります。

32

□に，＋－×÷を入れて100をつくろう！

四則を用いて100にしよう！

黒板に１～９を，少し間隔を空け，＝100と書きます。

> **Blackboard**
>
> 1　2　3　4　5　6　7　8　9＝100

先生：＋，－，×，÷を使って，100をつくりましょう。

　皆さんもぜひ，やってみてください。生徒たちには制限時間を10分にして，何通りできるか出させてみます。

　まず，私がぱっと思いつくのは，最後の８と９を掛け72になることに注目しました。すると100には28足りません。そこで１～７までの数字で28がつくれればいいのですが，１～４まで足すと10，５＋６で11，そして７ですので，なんと28がつくれました。偶然ですが，これで100になりました。

（答えの例は，173ページ）

33

この数字は，３で割れるかな？

一瞬で，３で割り切れるかを判断する！

３桁の数字を黒板に書きます。例えば，｜２４５｜とします。

これは，３で割れるでしょうか。そうですね。割れませんね。

では，２４５の最初に３を書いて，｜３２４５｜ならどうでしょうか。

これも３では割れません。

８をつけたらどうでしょうか。｜８３２４５｜

これも割れません。**どうやったら，一瞬でわかる**のでしょうか。

桁の数字をすべて足すとわかる⁉

その秘密は，**すべての桁の数を足してみる**のです。そして，**足した数字が３で割り切れれば，その数字は割り切れる**ということになります。

８＋３＋２＋４＋５は，22になります。22は３では割れません。なので，８３２４５は３で割れないとわかるのです。

では，３で割り切れるようにするには，どんな数字が□に入ればいいでしょうか。

□８３２４５

　2や5なら，3で割り切れます。2＋8＋3＋2＋4＋5は，24となり，24は3で割り切れますので，283245は3で割り切れます。5＋8＋3＋2＋4＋5は，27となり，27は3で割り切れますので，583245は3で割り切れます。

　このように，桁の数字をすべて足して，その数字が3で割れれば，3の倍数ということになり，3で割り切れるのです。

1桁目からやってみる！

1桁の数字を書きます。

> 先　生：6。これは3で割れますか？
> 生　徒：割れます！
> 先　生：（6の左側に1を書いて）16は，3で割れますか？
> 生　徒：割れません。
> 先　生：そうですね。割れません。では，16の前に2をつけて，216ならどうでしょう。
> 生　徒：（考える）割れる！
> 先　生：はい。割れますね。数字を見れば，すぐに3で割れるかどうかわかります。では，何か1つ数字を言って！
> 生徒①：5。
> 先　生：はい。では，216の前に，5をつけてみるよ。5216は…これは3で割れませんね。やってみてください。
> 生　徒：（計算する）なんでわかるの？

このように，数字で遊んでみましょう。

34

答えを予言しておきました①　合計を予言

4桁の数字を言って！

　先生と生徒で交互に数字を言っていきます。そして，出された数字を全部足すと，**先生が予言した数字と一致する**という数字遊びです。

　28708と書いた紙を半分に折って，数字は見えないようにして，黒板に，マグネットで貼っておきます。

先　生：ちょっと，数字で遊んでみようか。
　　　　（黒板に，8710と書く）
　　　　誰か4桁の数字を言って！
　　　　同じ数字は使わないでね。

生徒①：3478。

先　生：3・4・7・8。（と言って，書く）
　　　　じゃ，6・5・2・1。（と言って，書く）何か4桁の数字，誰か言ってもらえる？

生徒②：2953。

先　生：2・9・5・3。（と言って，書く）
　　　　じゃ，何にしようかな…。7・0・4・6。
　　　　はい。**これを全部足すといくつになる？**

```
8710
3478
6521
2953
7046
```

　ここで，生徒たちに計算させても，黒板で足し算をしていくのでも構いません。タブレットにある計算機能を使ってもいいでしょう。

　答えは，２８７０８になります。

答えが出たところで，黒板に貼っておいた紙を開いて見せます。

> **先生**：答えは，２８７０８ですね。実は…。
> 　　　　（と言って，２８７０８と書かれた紙を見せる）
> **生徒**：え～～～～。
> **先生**：先生，答えを予言しておいたのです。
> **生徒**：なんで？

考え始める生徒！

　ここで生徒たちは，なぜそうなったのか，黒板の数字を見ながら，あれやこれや言い始めます。実は，大学生でもそうです！

　そこで，「もう１回，やってみようか」と言って，適当な数字４桁を黒板に書き，同様にやっていきます。

> **先　生**：２７６４。
> **生徒①**：３０９１。
> **先　生**：６９０８。
> **生徒②**：１７２５。
> **先　生**：８２７４。じゃ，全部足すと，答えは，２２７６２になるはずです。
> **生　徒**：（計算する）え～，すげ～～。
> **先　生**：何か秘密がわかった人は，先生にこっそり教えに来て。

（たねあかしは，75ページ）

35

答えを予言しておきました②　生徒から先に

生徒に最初の４桁を言わせる！

前回は，教師から始めましたが，生徒から言わせてもできます。

先　生：じゃ，今度は，みんなから最初，何か４桁の数字言って
　　　　もらえる？　誰か言ってみてください。

生徒①：２８７５。

先　生：２８７５ね。（と言って，黒板に２８７５と書く）
　　　　じゃ，次。もう１人，誰か言ってみて。

生徒②：８６１９。

先　生：８６１９ですね。そう。わかりました。合計は，２２８７３に
　　　　なりますね。とりあえず，先生は，１３８０としましょう。次，
　　　　どなたか４桁をお願いします。

生徒③：６５２３。

先　生：６５２３ね。じゃ，先生は，３４７６で
　　　　いきましょう。
　　　　さあ，合計はどうなったかな？

```
 2875
 8619
 1380
 6523
 3476
22873
```

生　徒：（足していく）

生　徒：え～～。なんで？

生徒④：最初にもう，２２８７３って言ってたよね。

数字の秘密!?　〜たねあかし〜

　これは，最初の４桁の数字から２を引いて，その４桁の数字の前に２をつければ，それが答えになります。例えば，最初の４桁が，８７１０なら，次のようになります。

```
８７１０−２＝８７０８
        ↑
この先頭に，２をつける　＝２８７０８
```

数字遊び

　つまり，生徒とのやり取りで，生徒が言った４桁の数字の各桁が，足して「９」になるように，教師が数字を言えばいいのです。左下の縦の□を足すと，それぞれ９になっているのがわかるかと思います。また，９９９９が２つできるので，９９９９×２＝１９９９８となります。これは，２００００よりも２少ないので，最初の４桁の数字から２を引き，（８７１０−２），それに２００００を足せばよいことになります。

　つまり，先頭に「２」をつければいいのです。

```
生徒：８ ７ １ ０
生徒：３ ４ ７ ８
先生：６ ５ ２ １
生徒：２ ９ ５ ３
先生：７ ０ ４ ６
```

```
８７１０　（生徒）……①
３４７８　（生徒）……②
６５２１　（先生）……③
２９５３　（生徒）
７０４６　（先生）
２８７０８
```

　生徒から先に言わせたら（①），もう１回，誰か生徒に４桁の数字を言わせ（②），その４桁の数字を足して９９９９になるように教師が４桁の数字を言っていきます。ちなみに２桁でも３桁でもできます。

3₆

答えが2つできてしまう計算式

2つ答えができるの!?

黒板に，次の問題を書き，生徒に計算させます。

$Blackboard$

$$6 \div 2 \times (1 + 2)$$

先生：小学校で習った問題です。答えはいくつになるでしょう？

　生徒たちの様子を見に行き，答えを1としている生徒，答えを9としている生徒を見ていきます。

　ちなみに，答えはいくつになるでしょうか。

$$
\begin{aligned}
6 \div 2 \times (1 + 2) &= 6 \div 2 \times 3 \\
&= 3 \times 3 \\
&= 9
\end{aligned}
$$

　答えが9になります。でも，次のように計算すると答えが異なります。

$$6 \div 2 \times (1+2) = 6 \div 2 \times 3$$
$$= 6 \div 6$$
$$= 1$$

答えが 1 となります。

四則計算の順序は？

小学校では，四則計算の順序を次のように学習します。

①かけ算とわり算を先に計算する。

②（　　）がある場合は，（　　）内を先に計算する。

③式は普通，左から順に計算する。

よって，答えは，9が正解になります。

こぼれ話　中学の数学では？

これをもし，次のような問題だったら答えはいくつでしょうか。

$$6 \div 2(1+2)$$

同じように，$8 \div 2(2+2)$ でも，答えが2つに分かれそうですね。

37

4桁の数字がすべて異なれば，10がつくれる！

4桁の数字で10をつくろう

　車のナンバープレートの4桁の数字を見て，四則計算を用い，10をつくった経験を皆さんはお持ちでしょうか。

　うまく10がつくれるときもあれば，どう考えてもつくれない場合があります。でも，必ず10がつくれる秘密があります。

　それは，**4桁の数字がすべて異なる数字であれば，四則計算で10がつくれる**のです。

先生：今から書く数字を，足したり引いたり，掛けたり割ったりして10をつくってください。

黒板に1234と書きます。

生徒：できた！
先生：できた人は手を挙げます。
生徒：（手を挙げる）
先生：どのようにしましたか？
生徒：1＋2＋3＋4で10になります。
先生：そうですね。では，これはどうでしょうか。

黒板に，２３４５と書きます。

生徒①：２と３をかけて６になります。６から４を引いて２で，
　　　　２×５で10になります。
先　生：そうですね。

このように，やり取りをしながら，黒板に，２×３－４×５と書き，最後
に，２×３－４を（　　）で囲み，(２×３－４)×５と書きます。

続いて，次の数字を書き，10をつくるように言います。

Blackboard

$$3 \quad 4 \quad 5 \quad 6 = 10$$
$$4 \quad 5 \quad 6 \quad 7 = 10$$
$$5 \quad 6 \quad 7 \quad 8 = 10$$
$$6 \quad 7 \quad 8 \quad 9 = 10$$

４桁の数字が異なっていれば10がつくれる！

このように，４つの数字が異なる数字であれば，10がつくれるのです。生
徒たちにもそのように伝え，適当に４桁の数字を出してもらいます。

生徒②：５３９１。
先　生：５３９１（と黒板に書く）。では，10をつくりましょう！
生　徒：できました！

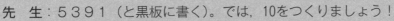

数字遊び

38

小町算　１～９の数字で100にしよう！

１～９の数字を使って100にする！

　今度は，１～９の数字を使って100にします。１から９の数字同士をつなげて，２桁や３桁の数字となってもよいです。例えば，123－45－67＋89とすると答えが100になります。これは，和算の「小町算」と呼ばれるもので，小野小町のように美しいからそう名付けられたと言います。

> 先生：今度は少し難しいよ。もっとたくさんの方法が出てきます。
> 　　　１～９の数字を使って100にするの。
> 　　　「使って」…ということなので，1234－5678×9
> 　　　でもいいわけ。でも100にはなりませんが。
> 　　　このように，数字をつなげてやると，うまく100がつくれるかな？　１つでもできたら，天才です。

　このように言って，生徒たちに100をつくらせます。時間を10分程度とり，ノートに書かせていきます。トライ＆エラーで，つくっていきます。

　１つでもつくれた生徒は，ノートを前に持ってこさせ，黒板に書いてもらいます。難しい問題なので，１人できたらノートを持ってこさせ，「すごい！」「できるんだ」という思いをもたせ，「これ以外でつくれた人は持って来て」などと言って，挑戦意欲をかき立たせます。

　ただし，数字に興味のない生徒もいますので，あまり長い時間をかけず，およそ10分程度でやめにし，もしやりたい生徒は，自学でやってくるように促してもいいでしょう。

解答例

$1+2+3-4+5+6+78+9=100$　　　$123-45-67+89=100$

$123+45-67+8-9=100$　　　$123-4-5-6-7+8-9=100$

$1+2+34-5+67-8+9=100$　　　$1+23-4+5+6+78-9=100$

$12+3+4+5-6-7+89=100$　　　$123+4-5+67-89=100$

$12-3-4+5-6+7+89=100$　　　$1+23-4+56+7+8+9=100$

1～9の数字を逆にしてみる！

　最後に，1～9を逆にしてみても面白いです。

$$9□8□7□6□5□4□3□2□1=100$$

　単純に，69ページの逆で，9×8で72，残り7＋6＋5＋4＋3＋2＋1で28となり100をつくることができますが，それではつまらないので，他にないか考えます。【$9×8+7+6+5+4+3+2+1=100$】

　9×8で72，7×6で42。足すと114になります。そこから14を引けばいいので，5＋4＋3＋2は14になり，1を掛ければ，100になります。【$9×8+7×6-(5+4+3+2)×1=100$】

その他の例

$98+7-6+5-4+3-2-1=100$

$98+7-6×5+4×3×2+1=100$

$98-76+54+3+21=100$

39

なぜ，駐車場の9番に車は停めないの!?

絵を描きながらクイズを出す！

先　生：1番～10番まで，番号が振ってある駐車場があります。駐車場で案内する人がいます。最初に入ってきた車は1番に案内し，2番目に入ってきた車は2番，3番目に入ってきた車は3番というように，順番に案内しました。でも，9番目にきた車は9番には停めさせず，10番を案内しました。なぜでしょうか？

1	2	3	4	5	6	7	8	9	10
□	□	□	□	□	□	□	□	□	□

生徒①：買い物カートがあった。

生徒②：もうすでに車が停めてあった。

生徒③：わかった！　爆弾が仕掛けてあった！

先　生：毎回，爆弾仕掛けるの？（生徒：笑い）ヒント。「車は？」

生　徒：（無言）

先　生：「急には？」

生　徒：止まらない！

先　生：車は急（9）には止まらない。

■面白さ：★★★☆☆
■難易度：★★☆☆☆
■時　間：2分

○○の中には，何がある？

味噌の中には，何があるでしょう？

簡単にできるなぞなぞです。スキマ時間にどうでしょうか。

> 先　生：味噌の中には，何があるでしょう？
> 生徒①：味噌の中には，大豆がある。
> 生徒②：味噌の中には，小さい粒がある。
> 先　生：なぞなぞです。み〜その中には，何があるでしょう？
> 生徒③：え〜。耳くそ！（生徒：笑い）

　少し，焦らしながら，生徒たちに色々な考え方を出させます。最終的には，次のように言って，答えに導きます。

> 先生：う〜ん。違うな…。ヒントは音楽です。ド・レ・ミ・ファ…
> 生徒：わかった。ファ！　「み」と「そ」の間に，「ファ」があります。
> 先生：じゃ，塀の中には，何がある？
> 生徒：ト！
> 先生：正解！　音名はハ・ニ・ホ・ヘ・ト・イ・ロとも言うね。

　このように，連続的にいくつかテンポよく出していきましょう。

■面白さ：★★★☆☆
■難易度：★★☆☆☆
■時　間：2分

空の上には，何がある？

空の上には，何があるでしょう？

　なぞなぞの続きです。単発で終わってはつまらないので，ここでも連続性を意識し，何問か続けます。

先　生：では，空の上には，何があるでしょう？
生徒①：空の上には，星がある。
先　生：なるほど…確かにありますね。
生徒②：空の上には，青空がある。
先　生：空のどんどん上には，青い空が続いているね。
生徒③：空の上には，太陽がある。
先　生：確かに…。でも，なぞなぞですよ。空の上には，何がある？
生徒④：わかった！　ソラシドだから，シドがある。
先　生：正解！　よくわかりました。

　なぞなぞは，答えを知ることが楽しいのではなく，答えを考える過程に楽しさがあります。
　答えを聞いてしまったら，終わりなので，できるだけ，考える時間を楽しむようにしましょう。

42

■面白さ：★☆☆☆☆
■難易度：★★☆☆☆
■時　間：5分

キリンがウサギに負けるときって, どんなとき？

あるゲームをしたら, キリンは負けたよ！

次のような, なぞなぞを出します。

先　生：あるゲームをやると, キリンはウサギに負けてしまいま
　　　　す。どんなゲームでしょうか？　わかった人は, キリン
　　　　に勝てる動物, 負ける動物を挙げてみてください。例えば,
　　　　「カエル」は, 勝つ？
生　徒：勝つ！／負ける！
先　生：勝ちますね。
生　徒：え～～？
先　生：負けちゃう動物, 出せる？
生徒①：カメ。
先　生：カメは, 勝ちますね。
生徒②：わかった！　ペンギン！
先　生：そうですね。ペンギンは負けますね。他には？
生徒③：ライオン??
先　生：そう！　強そうだけど, 負けちゃうんですよね。
生徒④：わかった！　え～と…。ペリカン！
先　生：そうですね。負けてしまいますね。
　　　　何のゲームをしていたのかな？

勝つ	負ける
ウサギ	キリン
カエル	ペンギン
カメ	ライオン
	ペリカン

（答えは, 173ページ）

なぞなぞ

逃げ出せたのは何パン？

答えの理由を聞くと，「なるほど」となる！

先　生：食パンとメロンパン，ジャムパン，揚げパンが同じ家に
　　　　住んでいました。すると，隣の家が火事になり，「逃げ
　　　　ろ！」という声がしました。逃げ出せたパンは，何パンかな。

生徒①：揚げパン。

先　生：なんで？

生徒①：もうすでに油で揚げてあるから，逃げ出せた。

先　生：なるほど…。

生徒②：メロンパン。

先　生：なんで？

生徒②：メロメロになっている。

先　生：では，聞いてみよう。どれかに手を挙げてね。揚げパンだと思
　　　　う人？

生　徒：（手を挙げる）

先　生：メロンパン？（すべてのパンについて聞いた後，正解を言いま
　　　　す）正解は…，食パンです。なんで？

生徒③：耳があるからです。

パンのひっかけ問題

　パンのなぞなぞに関連させて，続けて，こんなひっかけ問題はどうでしょうか。

（その１）
先生：パンはパンでも，食べられないパンは何？
生徒：フライパン！
先生：残念！　腐ったパン。
生徒：なんだ〜〜。

（その２）
先生：じゃ，パンが２つでな〜んだ？
生徒：パンツ！
先生：残念！　パンが２つあっても，パンはパン。

　修学旅行や郊外遠足など，生徒たちと一緒に歩いているときに，簡単でいて，ああ…なるほど…という「なぞなぞ」を，たくさん知っておき，とっさに，問題を出せるといいです。

　教師が出すと，生徒たちからも出してきて，そうやって，ネタも増えていきます。

なぞなぞ

44

■面白さ：★☆☆☆☆
■難易度：★★★★☆
■時　間：5分

森の中にいる動物は？

○○の中にいる生き物は？

先　生：なぞなぞです。森の中にいる動物は？

生　徒：ウサギ／リス／サル／トラ。

先　生：違います。もっと大きいです。

生徒①：ゾウ！

先　生：いい感じ！

生徒②：キリン！

先　生：正解！

生　徒：なんで？

先　生：木（キ）と林（リン）で，キリンです。

生　徒：あ〜あ，なんだ。

先　生：じゃ，都会のまん中にいる生き物はなんだ？

生徒③：人間？／生徒④：シロクマ。

先　生：と・か・い…のまん中にいる生き物だよ。

生　徒：わかった。

先　生：じゃ…答えをみんなで一緒に言おう。せーの。

生　徒：か（蚊）！

動物なぞなぞ

動物に関するなぞなぞは，たくさんあります。
どのくらいわかりますか？

①イギリスの中にいる動物は？
②広場の中で遊んでいる動物は？
③逆さまになると頭が悪くなってしまう動物は？
④庭で逆立ちをしている動物は？
⑤夜，星を見ながら，ハムを食べている動物は？
⑥かわいいのに逆立ちをすると人の物を盗んでしまう動物は？
⑦虫歯を治してくれる動物は？
⑧逆さまに泳ぐと軽くなる生き物は？
⑨「アリ」と「蚊」と「ハエ」と「ゴキブリ」が，海外旅行の計画を立てているよ。でも旅行に行けなかった生き物がいます。どの生き物？
⑩島の中に，6頭で暮らしている動物は？
⑪植物をダメにしてしまう鳥は？
⑫絵をあげると考え込んでしまう動物は？
⑬和室に隠れている動物は？
⑭洋室に隠れている動物は？
⑮神様にお祈りする動物は？

答え ①リス ②ロバ ③カバ ④ワニ ⑤ハムスター
⑥リス ⑦シカ（＝歯科）⑧イルカ ⑨蚊（＝海外旅行＝蚊以外旅行）
⑩シロクマ（「しま」の中に，6＝ろく）⑪カラス（枯らす）
⑫カンガルー（「かんが<u>え</u>る」になる）⑬ワシ（**わし**つ）
⑭ウシ（よ<u>うし</u>つ）⑮オオカミ（おお，神）

45

■面白さ：★★★★☆
■難易度：★★★☆☆
■時　間：5分

「カメ」と「ラクダ」と「サイ」は,何を買いに行ったの？

なぞなぞを出す

黒板に,サイ,ラクダ,カメと書きながら,なぞなぞを出します。

先生：なぞなぞを出すよ。わかったら,黙って手を挙げましょう。
　　　サイと…ラクダと…カメが,買い物に行きました。
　　　何を買いに行ったのでしょうか。

Blackboard

カ　ラ　サ
メ　ク　イ
　　ダ

生徒：え〜。わからない。
先生：じゃ,こっちから読んでみて。（と言って,カメを指さす）
生徒：カメ。
先生：（ラクダを指さす）
生徒：ラクダ。
先生：（サイを指さす）
生徒：サイ。

先生：わかった人？
生徒：あっ。わかった！

わかった人から座らせる！

先生：全員立ってください。
生徒：（立つ）
先生：わかった人は座ります。もう一度，読んでみましょう。
生徒：**カメ。ラクダ。サイ。**
先生：はい。わかった人は座ります。
生徒：わかった！（と言って，座る）
先生：答えは言わないでね。もう一度，読んでみましょう。
生徒：**カメ。ラクダ。サイ。**
先生：まだわからない人のために，もう1回！
生徒：**カメラ，クダサイ。**
生徒：あ〜〜あ，わかった。

続けて読むと，カメラクダサイ（カメラください）となります。
このようななぞなぞを出した後，いくつか続けるといいです。

先生：では，そこにトラも買い物にやってきました。**でも転んで
　　　しまいました。何を買ったのでしょうか。**
生徒：わからない。
先生：板を買いに行きました。
生徒：なんで？
先生：**痛かった（板買った）。**

なぞなぞ

46

■面白さ：★☆☆☆☆
■難易度：★★☆☆☆
■時　間：5分

なんて読むのかな？

なんて読むのかな？　～食べ物～

先生：食べ物問題だよ。なんて読むかな？（「り」を9個書く）
　　　わかった人は黙～って，手を挙げましょう。

生徒：（手を挙げる）

先生：じゃ，正解をみんなで！

りりりりりりりりり
なななななななななな

生徒：「キュウリ」！

先生：正解！　「り」が9個で，キュウリ（9をクと読むとクリ）
　　　ですね。では，これは？（「な」を10個書く）

生徒：わかった！　納豆！

こんなふうに，テンポよく出していきます。

なんて読むのかな？　～ひらがな～

黒板に，下のような字を書いて，生徒に言います。

先生：なんて読むでしょう？

生徒：（考える）

先生：ヒント。「あ」という字の一部が切れているね。

生徒：わかった。「**あきれた**」だ。

先生：正解！

先生：では，これは？（「**みむめも**」と書く）

　　　まったく君は「みむめも」なんだから…。

生徒：なんだろう？

先生：なんの文字がない？

生徒：ま！

先生：「ま」がないね。

生徒：わかった。「**まぬけ**」だ！

先生：正解！

この人の職業はな～に？

先　生：「お」という字が，「3」に囲まれているよ。

　　　　この人の職業はなんだろう？

生徒①：パン屋さん。

先　生：なんで？

生徒①：なんとなく。

生徒②：お肉屋さん。「お」がまん中にあって…。

生徒③：**おまわりさん**。

先　生：なんで？

生徒③：「お」のまわりに「3」がある。

先　生：正解！　では，これは？　2.99999999。2.99999999は，ほぼい

　　　　くつ？

生徒④：ほぼ3！

先　生：正解！　ほぼ3（＝保母さん）。

47

なぞなぞ　初級編①

なぞなぞのポイント①　〜テンポよく出していく〜

　授業中や休み時間，給食の時間，遠足等，生徒たちを楽しませる「なぞなぞ」を紹介します。できるだけテンポよく，次々と出していくとよいです。

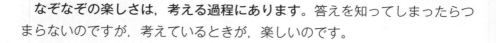

先生：「使うとき使わないで，使わないとき使うもの」ってなんだ？

生徒：なんだろう？

　なぞなぞの楽しさは，考える過程にあります。答えを知ってしまったらつまらないのですが，考えているときが，楽しいのです。

　そんななぞなぞを口頭で出していってもいいのですが，プリントにして渡してあげたり，1日1問ずつ，廊下に掲示していったりしても，他のクラスの生徒たちを含め，楽しませることができます。

答　え

①お風呂の蓋　　　②馬（うまっ！）　　③竹（背がたっけ〜！）

④ハエ（早えっ）　⑤カステラ　　　　　⑥帽子

⑦スズメ　　　　　⑧消しゴムのカス　　⑨雑巾　　⑩段ボール

Worksheet

「なぞなぞ」いくつ答えられるかな？①

名前（　　　　　　　　　　　　　　）

問　題	答　え

①使うとき使わないで，使わないとき使うものは，な～んだ？　（　　　　　）

②何を食べても「おいしい」という動物はな～に？　（　　　　　）

③背の高い植物はな～に？　（　　　　　）

④スピードを出して，飛ぶ虫はな～に？　（　　　　　）

⑤寺は寺でも，食べられる寺はな～に？　（　　　　　）

⑥牛は牛でも，頭にのせる牛はな～に？　（　　　　　）

⑦目の上に鈴がついている鳥はな～に？　（　　　　　）

⑧消せば消すほど，増えるものはな～に？　（　　　　　）

⑨きれいになればなるほど，汚くなるものは，な～んだ？　（　　　　　）

⑩丸くないボールは，何ボール？　（　　　　　）

なぞなぞ

■面白さ：★★★★☆
■難易度：★★☆☆☆
■時　間：5分

なぞなぞ　初級編②

なぞなぞのポイント②　〜ヒントを出す〜

答えにすぐに導かず，ヒントを出しながら考えさせるとよいでしょう。

TALK

先　生：切っても切れないものは何？

生徒①：ハサミ？

先　生：う〜ん。ちょっと違う。こんな感じ。
　　　　（と言って，トランプを切るふりをする）

生徒②：わかった！　トランプ。だって，トランプをシャッフルすることを，「切る」って言うもんね。

先　生：正解！　じゃ，食べると安心するケーキは？

生　徒：え〜。

先　生：ほっとするよね。

生　徒：あ〜，ホットケーキか！

■答　え

①トランプや水　　②ちりとり　　③自動ドア　　④スイカ
⑤石（「う」が「い」になる）　　⑥ものほし　　⑦綱引き
⑧薬屋　　⑨信号　　⑩ズボン

Worksheet

「なぞなぞ」いくつ答えられるかな？②

名前（　　　　　　　　　　　　　）

問　題	答　え

①切っても切っても切れないものはな〜に？　　　　　　　（　　　　　）

②鳥は鳥でも，掃除を手伝ってくれる鳥はな〜に？　　　（　　　　　）

③大人だと開かないのに，子どもだと開くドアはな〜に？（　　　　　）

④イカはイカでも，丸くて，種がたくさんある果物は
　な〜に？　　　　　　　　　　　　　　　　　　　　（　　　　　）

⑤牛が，うがいすると，何になる？　　　　　　　　　　（　　　　　）

⑥星は星でも，服を乾かす星はな〜に？　　　　　　　　（　　　　　）

⑦後ろに下がるほど強い，運動会の競技はな〜に？　　　（　　　　　）

⑧いつも少しだけ笑っているお店屋さんは何屋？　　　　（　　　　　）

⑨足は1本，目は3つ。これな〜に？　　　　　　　　　（　　　　　）

⑩入口は1つ，出口は2つ。これな〜に？　　　　　　　（　　　　　）

なぞなぞ

■面白さ：★★★★☆
■難易度：★★★☆☆
■時　間：5分

なぞなぞ　中級編

1日に2回あって，1年に1回しかないものは？

少し，考えるなぞなぞです。

先　生：1日に2回あるのに，1年に1回しかないものは？
生徒①：1年に1回？　夏？
生徒②：わからない。
先　生：近くの人と考えてみよう。
　　　　（数分後）
生徒③：あっ。わかった！
先　生：わかった人？

TALK

　このように，なぞなぞは考える過程が楽しく，大切なので，色々考えさせる時間を与えましょう。

答　え
①「ち」という字　　②スピード　　③トラ　　④バナナ（馬7）
⑤鵜（う：あいうえお）　　⑥犬　　⑦A（書く仕事＝隠し事）
⑧加湿器（菓子つき）　　⑨除湿器（女子つき）　　⑩白（百－一）

Worksheet

「なぞなぞ」いくつ答えられるかな？③

名前（　　　　　　　　　　　　）

問　題	答　え
①１日に２回あって，１年に１回しかないものは？	（　　　　　）
②野菜と果物を載せたトラックがカーブで落としたものは？	（　　　　　）
③オーストラリアの中にいる動物は？	（　　　　　）
④ウマが７つ食べちゃうものは何？	（　　　　　）
⑤家の中にいる鳥は？	（　　　　　）
⑥点を取ると大きくなる動物は？	（　　　　　）
⑦秘密が好きな人は？ 　　　A　作家　　　B　歌手　　　C　カメラマン	（　　　　　）
⑧電気屋である物を買ったら，おまけにお菓子がついてきました。何を買ったのでしょう？	（　　　　　）
⑨電気屋である物を買ったら，女の子がついてきました。何を買ったのでしょう？	（　　　　　）
⑩100から１を引いたら何になる？	（　　　　　）

なぞなぞ

50

なぞなぞ　上級編

井上さんは，何屋さんでしょう？

中学生は全学年で楽しめるなぞなぞです。

先　生：山田さんの家は，花屋さん。田中さんの家は，八百屋さん。
　　　　では，井上さんの家は，何屋さん？

生徒①：本屋？

生徒②：酒屋？

先　生：なんで？

生徒②：井上は，井戸の上だから。

先　生：なるほど…。でも違うな。これは理科で習うよね。

生徒③：え？　あっ，そうか…。食堂だ。

先　生：正解！　井上（胃の上）だからね。

答　え

①食堂　　②先生の家（10m＝千センチ＝先生ち）　　③なし（100円玉を
2つ出したから）　　④「ち」の文字（血〈ち〉／乳〈ちち〉）　　⑤植物
⑥ボーッとしていたから　　⑦日本（□＋一本＝日本）
⑧おとうさん（えとうさん→「え」が「お」）
⑨食べない（ライオンは肉食なので草は食べない）

Worksheet

「なぞなぞ」いくつ答えられるかな？④

名前（　　　　　　　　　　　　）

問　題	答　え
①山田さんの家は，花屋さん。田中さんの家は，八百屋さん。では，井上さんの家は，何屋さん？	（　　　　　）
②大きな木から10m離れている家は，誰の家？	（　　　　　）
③300円を持ってスーパーに買い物に行き，90円，60円，50円のお菓子を１つずつ買いました。おつりは，いくら？	（　　　　　）
④１つだと赤いのに，２つだと白いものは何？	（　　　　　）
⑤「め」や「はな」や「は」はあるのに，「くち」と「みみ」がないものって何？	（　　　　　）
⑥時間になっても船が出ませんでした。なぜ？	（　　　　　）
⑦四角に一本足すと何になる？（　□　→　　）	（　　　　　）
⑧江藤さんが，笑顔になると何になる？	（　　　　　）
⑨５mの鎖につながれたライオンがいます。そのライオンは何m先の草を食べることができる？	（　　　　　）

なぞなぞ

51

■面白さ：★★★★☆
■ひっかかり度：★★★☆☆
■時　間：5分

「ダンス」って，10回言って！

「ダンス」って，10回言って！

　生徒たちがついつい引っかかってしまう10回クイズです。10回クイズも，テンポよく，生徒たちに出してあげるといいですね。

先　生：「ダンス」って，10回言って！
生徒①：ダンス，ダンス，ダンス，ダンス，ダンス，ダンス，ダンス，ダンス，ダンス，ダンス！
先　生：布団をしまうところは？
生徒①：たんす！
先　生：布団は，たんすに入れるの？
生徒①：あっ，違う。押し入れ！

「10」って，10回言って！

先　生：「10」って，10回言って！
生徒②：10，10，10，10，10，10，10，10，10，10！
先　生：百の次は？
生徒②：千！

先　生：百一（101）でした。

生徒②：あちゃー。

「ピザ」って，10回言って！

これは，有名な10回クイズです。

先　生：「ピザ」って，10回言って！

生徒③：ピザ，ピザ，ピザ，ピザ，ピザ，ピザ，ピザ，ピザ，ピザ，ピザ！

先　生：ここは？（と言って，肘をさす）

生徒③：ひざ！

先　生：ひざじゃないよ。肘だよ。

生徒③：あっ。ひっかかった〜〜〜。

「キャンパス」って，10回言って！

先　生：「キャンパス」って，10回言って！

生徒④：キャンパス，キャンパス，キャンパス，キャンパス，キャンパス，キャンパス，キャンパス，キャンパス，キャンパス，キャンパス！

先　生：線を引くときに使うものは？

生徒④：コンパス！

先　生：線を引くときに使うものは，定規でした。

生徒④：あっ，そうか…。

52

「みりん」って，10回言って！

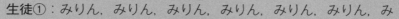

「みりん」って，10回言って！

先　生：「みりん」って，10回言って！

生徒①：みりん，みりん，みりん，みりん，みりん，みりん，みりん，みりん，みりん，みりん！

先　生：鼻の長い動物は？

生徒①：キリン！

先　生：ゾウでした。

生徒①：そうだ。

「シャンデリア」って，10回言って！

先　生：「シャンデリア」って，10回言って！

生徒②：シャンデリア，シャンデリア，シャンデリア，シャンデリア，シャンデリア，シャンデリア，シャンデリア，シャンデリア，シャンデリア，シャンデリア！

先　生：毒リンゴを食べたのは？

生徒②：シンデレラ！

先　生：白雪姫でした〜。

「浦山太郎」って，10回言って！

先　生：「浦山太郎」って，10回言って！

生徒③：浦山太郎，浦山太郎，浦山太郎，浦山太郎，浦山太郎，
　　　　浦山太郎，浦山太郎，浦山太郎，浦山太郎，浦山太郎！

先　生：カメをいじめたのは？

生徒③：**浦島太郎！**

先　生：浦島太郎は，カメを助けたんでしょ。

生徒③：村の子どもか…。

なぞなぞ

「イカリング」って，10回言って！

先　生：「イカリング」って，10回言って！

生徒④：イカリング，イカリング，イカリング，イカリング，イ
　　　　カリング，イカリング，イカリング，イカリング，イカリング，
　　　　イカリング！

先　生：首にかけるのは？

生徒④：**イヤリング！**

先　生：首にかけるものだよ。

生徒④：ネックレスだ〜。

とにかく，テンポよく，出していきましょう！

105

53

■面白さ：★★★★☆
■ひっかかり度：★★★★★
■時　間：5分

「シカ」って，10回言って！

「シカ」って，10回言って！

10回クイズをペアでやらせてみます。「せ〜の」で，答えさせます。

> 先　　生：「シカ」って，10回言って！
> 生徒①②：シカ，シカ，シカ，シカ，シカ，シカ，シカ，シカ，
> 　　　　　シカ，シカ！
> 先　　生：サンタが乗ってくるのは？　せ〜の！
> 生徒①②：（元気よく）トナカイ！
> 先　　生：ブッブー。サンタが乗ってくるのは，そりでした。
> 　　　　　サンタは，こうやってトナカイに乗ってくるの？
> 生徒①②：あっ！　そうか…。（笑う）

TALK

「ポトス」って，10回言って！

> 先　　生：「ポトス」って，10回言って！
> 生徒③④：ポトス，ポトス，ポトス，ポトス，ポトス，ポトス，
> 　　　　　ポトス，ポトス，ポトス，ポトス！

先　　生：手紙を入れるところは？

生徒③④：ポスト！

先　　生：封筒でした〜。手紙をそのままポストに入れるの？

生徒③④：あ〜〜〜。ひっかかった〜。

「わらび」って，10回言って！

先　　生：「わらび」って，10回言って。

生徒⑤⑥：わらび，わらび，わらび，わらび，わらび，わらび，わらび，わらび，わらび，わらび！

先　　生：おでんにつけるのは？

生徒⑤⑥：わさび！

先　　生：おでんに，わさびつけるの？

生　徒　⑥：何つけるんだっけ？

先　　生：からし…だよ。

なぞなぞ

「ニシン」って，10回言って！

先　　生：「ニシン」って，10回言って！

生徒⑦⑧：ニシン，ニシン，ニシン，ニシン，ニシン，ニシン，ニシン，ニシン，ニシン，ニシン！

先　　生：赤ちゃんが産まれることは？　せーの！

生徒⑦⑧：妊娠！

先　　生：出産でした〜〜。

54

■面白さ：★★★★☆
■ひっかかり度：★★★★☆
■時　間：5分

「いっぱい」って，10回言って！

「いっぱい」って，10回言って！

10回クイズのひっかけ問題です。これも結構，有名な問題です。

> 先　生：「いっぱい」って，10回言って！
>
> 生徒①：いっぱい，いっぱい，いっぱい，いっぱい，いっぱい，
> いっぱい，いっぱい，いっぱい，いっぱい，いっぱい！
>
> 先　生：「い」を「お」に変えると？
>
> 生徒①：やだ～。言えない！／先生，やらしい！
>
> 先　生：何言っているの？　「いっぱい」の「い」を「お」に変えると，
> 「おっぱお」だよ。何，勘違いしているの？
>
> 生徒①：(笑い)

「かっこいい」って，10回言って！

> 先　生：「かっこいい」って，10回言って！
>
> 生徒②：かっこいい，かっこいい，かっこいい，かっこいい，か
> っこいい，かっこいい，かっこいい，かっこいい，かっこいい，

　　　　かっこいい！
先　生：ありがとう！

「フルーツポンチ」って，10回言って！

先　生：「フルーツポンチ」って，10回言って！
生徒③：フルーツポンチ，フルーツポンチ，フルーツポンチ，フ
　　　　ルーツポンチ，フルーツポンチ，フルーツポンチ，フルーツポ
　　　　ンチ，フルーツポンチ，フルーツポンチ，フルーツポンチ！
先　生：「フルーツポンチ」を，逆さまから言うと？
生　徒：「チ…」／やだ～。言えない！／またもや，いやらしい！
先　生：ちょっと，言えないよな。
生徒③：（笑い）

「観察」って，10回言って！

先　生：「観察」って，10回言って！
生徒④：観察，観察，観察，観察，観察，観察，観察，観
　　　　察，観察，観察！
先　生：指を曲げたところに見えるものは？
生徒④：関節！
先　生：関節見えるの？
生徒④：しわだ～～～。

55

雷は，どんな音？

雷は，どんな音がするの？

　心理テストは，中学生が最も好むものです。例えば，次のようなものは，生徒たちから笑いが出て，楽しめます。

> 先　生：心理クイズです。夜，あなたは1人で部屋にいます。外は雨が降っていて，風も強いです。すると，電気が消え，雷が鳴りました。どんな音がしたでしょうか。
>
> 生徒①：ドッカーン！
>
> 先　生：〇〇さんは，ドッカーンっていう音がする。
> 　　　　隣の人に，雷はどんな音だったか，言ってみましょう。
>
> 生　徒：（隣の生徒に言う）
>
> 先　生：では，〇〇さんは，どんな音。
>
> 生徒②：ゴロ・ゴロ・ゴロ・ピカー！
>
> 先　生：なるほど…ゴロ・ゴロ・ゴロ・ピカー！ですね。
>
> 生徒③：おれは，ドカン！バリバリバリ！ぐあーー！
>
> 先　生：ドカン！バリバリバリ！ぐあーー！…か…。すごいね。もっとある？
>
> 生徒④：ポン。
>
> 先　生：かわいいね。ポン。

このように，自由に出させます。必要に応じ，黒板に生徒の名前と雷の音を書いておくといいでしょう。

> **先　生**：実は，この雷の音。みんなが，１人で家にいるときにする「おなら」の音だそうです。
>
> **生　徒**：（笑い）
>
> **先　生**：○○君は，「ドカン！バリバリバリ！ぐあーー！」と激しくおならをするんですね。○○さんは，「ゴロ・ゴロ・ゴロ」ときて，最後に「ピカー！」って，一気に吐き出すのですね。
>
> **生　徒**：（笑い）
>
> **生徒④**：他に，心理クイズはないの？

色で性格判断！

生徒に好きな色を言わせます。その後，色で性格判断します。

> 赤……野心家。欲しいモノは積極的に手に入れようとするタイプ。でも，興奮すると攻撃的になってしまう。
>
> 青……落ち着きがあって誠実。気配りができる人。
>
> 黄……活発でほがらか。夢を追いかけるタイプ。幸せの色。でも，無理をしてしまうこともある。
>
> 緑……穏やかで我慢強い。冷静に自分を主張できる。
>
> 紫……ロマンチスト。でも，性格は複雑。
>
> 茶……会話の聞き手や相談に乗るタイプ。温厚で協調性がある。
>
> 灰色…優柔不断で，他人に興味がなく，自己中心的。
>
> 黒……現状を変えようとする強い心の持ち主。努力家。でも，あきっぽいところがある。

＜参考＞ルッシャーの色彩心理学

面白さ：★★★☆☆
関心度：★★★★☆
時　間：8分

どの果物が好き？

果物は何が好き？

　黒板に，モモ，ブドウ，メロン，イチゴ，サクランボと書き，どの果物が好きか，手を挙げさせます。

先生：心理クイズです。モモ，ブドウ，メロン，イチゴ，サクランボ。1つ選ぶとしたら，どれを選びますか？

生徒：イチゴ！／メロン！／モモ！

先生：では聞いてみるよ。モモが好きな人？

生徒：（手を挙げる）

先生：手を挙げたら，周りを見ましょう。7，8人が好きだって言っているね。では，ブドウが好きな人？

生徒：（手を挙げる）

先生：はい。5人ですね。では，メロン？

生徒：（手を挙げる）

先生：大勢いますね。イチゴ？

生徒：（手を挙げる）

先生：6人ですかね。最後にサクランボ？

生徒：（手を挙げる）

先生：2人ですね。ちなみに先生は，メロンが好きです。

結果発表！

先生：では，何の心理クイズかというと，**これは皆さんの性格を
　　　表しています。**

生徒：え〜〜〜。

先生：まず，どこからいきましょうか？　イチゴからいきましょう。
　　　イチゴを選んだ人？

生徒：（手を挙げる）

先生：イチゴを選んだ人は…。イチゴは赤くなりますね。なので，**好き
　　　な人が目の前に現れると顔が赤くなってしまう人**です。

生徒：（笑い）え〜，そうなの？

先生：次は，サクランボを選んだ人。サクランボは，いつもこんなふう
　　　に２つで１つ。なので，**友達と一緒にいたいと思っている人**です。

生徒：当たっている！

先生：次は，ブドウ。すごいよ。ブドウって１房にたくさんの実がなる
　　　でしょう。だから，**子宝に恵まれるんだって。**

生徒：お〜〜。

先生：では，メロン。メロンは，メロメロって，言うくらいだから，**好
　　　きな人ができると，メロメロになってしまうタイプ**なんです。

生徒：（笑い）

先生：最後に，モモ。モモを選んだ人？

生徒：（手を挙げる）

先生：モモは，何かの形に似ているよね。そう，お尻の形に似ているね。
　　　モモを選んだ人は，**エッチなんだって！**

生徒：（お互いの顔を見ながら，大笑い）

心理テスト

57

■面白さ：★★★★☆
■関心度：★★★★☆
■時　間：15分

「口」に二画足して，漢字をつくろう！

「口」という字を27個書く

口に二画足して，漢字をつくる問題です。黒板に口を27個書きます。

Blackboard

目 □ □ □ □ □ □ □ □ □ □ □ □

□ □ □ □ □ □ □ □ □ □ □ □ □

先　生：口という字が27個あります。これに二画足して，漢字を
　　　つくりましょう。どんな漢字がありますか？

生徒①：目。

先　生：そうですね。（黒板に書いた口に二画足して，「目」を書く）で
　　　は，5分間時間をとります。口に2画足して漢字をできるだけ
　　　たくさんつくりましょう。

このように言って，生徒たちの様子を見に行きます。だいたい7つくらい
は，勢いよく書いていきますが，その後，鉛筆が止まってしまいます。

答　え

目 田 白 四 甲 申 由 旧 旦 史 右 石 囚 古 只 占 叶
召 叩 加 号 台 句 司 叱 兄 可

58

「田」の中にいくつ漢字がある？

「田」の中にある漢字

黒板に，「田」と書きます。

Blackboard

田　　上

先　生：「田」の中に，漢字はいくつありますか。
　　　　どんな漢字が隠れているでしょう。

生徒①：上。

先　生：すごい！　そうだね。「上」という字がここにありますね。で
　　　　は，いくつ探せるか，ノートに書き出していきましょう。

TALK

漢字クイズ

その他の主な漢字

川　土　山　口　王　十　一　二　三　七　工　干　出　士　旧　円　巴
丁

59

「※」の中にいくつ漢字がある？

漢字はいくつある？

黒板に を書いて，次のように言います。

> **Blackboard**

先生：では，この中に，漢字はいくつあるでしょうか。ノートに
　　　書いてみましょう。ちなみに30個以上あります。

生徒：え〜，そんなにあるの？

先生：時間は10分間です。教科書や辞書，何を見てもいいです。
　　　では，はじめ。

　生徒たちは，最初は思いつく漢字を書いていきますが，思いつかなくなると，教室内の掲示物を見たり，生徒名から漢字がないかどうか見たりし始めます。

およそ10分後，生徒から出させます。

先　生：どんな漢字がありましたか。3つずつ言っていきましょ
　　　　う。
生徒①：「山」「土」「上」。
先　生：「山」に「土」，「上」ですね。（と言いながら，黒板に書く）他
　　　　に3つ言える人？
生徒②：「王」「田」「十」。
先　生：そうですね。さらに3つ言える人？
生徒③：「口」「出」，数字の「一」。
先　生：数字の「一」か…。なるほど…ありますね。
生徒④：「木」「水」「日」。
先　生：「木」に「水」に「日」ですね。

　このように，3つずつ出させていきます。「3つ」と指定することで，2
つは思い浮かんだ生徒は，さらにもう1つ考えようとします。どうしても思
いつかない場合は，近くの人と相談して考えさせます。

生徒⑤：3つありました。「六」「八」「玉」。
生　徒：あ～，そうか…。「玉」もあるな…。

漢字クイズ

その他の主な漢字

川　米　二　三　七　下　天　人　入　氷　大　犬　己　卍　巴　旧　士
困　区　火　示　凶　光　圧　平　久　太　穴　因　工　小　右　丁　円
尺　乙

60

正三角形を4つ作ろう！

マッチ棒3本で，正三角形を4つ作る！

　マッチ棒で正三角形を作り，それに3本使って正三角形を4つ作る問題です。

　黒板にマッチ棒に見立てた正三角形を描きます。

Blackboard

先生：マッチ棒クイズを出します。ここに正三角形があります。

　　　これに，マッチ棒を3本使って，正三角形を4つ作ってください。

　　　鉛筆でもできますので，机の上に鉛筆3本で正三角形を作って，実際に作ってみてください。

TALK

（答えは，173ページ）

61

■面白さ：★★★★☆
■難易度：★★★★★
■時　間：5分

マッチ棒３本で，「４」を「２」にしよう！

マッチ棒３本で，「４」を「２」にする！

黒板に次のように描き，マッチ棒３本で，「４」を作ります。

先生：マッチ棒を３本使って，４を作ります。この「４」を，マッチ棒を３本使って，「２」にしてください。鉛筆で，机の上でやってみてください。

生徒：（机の上に，鉛筆で「４」を作り，あれこれ考える）

先生：友達と相談してもいいですよ。

（答えは，174ページ）

62

正しい数式にしよう！

マッチ棒１本動かして，正しい数式にしよう！

マッチ棒で，32－18＝58　をつくります。ここから，マッチ棒を１本動かして，正しい数式になるようにします。

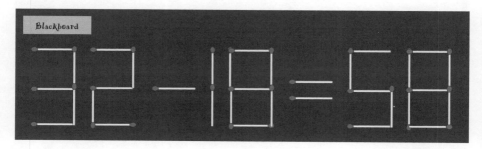

先生：32－18＝58。これをマッチ棒１本動かして，正しい数式になるようにしてみてください。制限時間は５分。わかったら，先生のところに来てください。

マッチ棒を１本動かしても数字になるものを考えます。

３は９になります。０は６と９になります。８は０や６，９になります。４は９になります。50は32より大きいので，引き算ではうまくできません。

（答えは，174ページ）

63

■面白さ：★★☆☆☆
■関心度：★☆☆☆☆
■時　間：5分

アルファベット大文字を「※」の中から見つけよう！

英語クイズ

アルファベットの大文字を見つけよう！

「『※』の中にいくつ漢字がある？」（116ページ）の英語版です。

黒板に※を書いて，次のように言います。

先　生：この中に，アルファベットの大文字は，いくつあるでしょうか。見つけた大文字をノートに書いていきましょう。
生　徒：わかった！
先　生：例えば，何？
生徒①：H。
先　生：そうですね。Hは，ここにありますね。
　　　　（と言って，Hの場所を指で示す）
　　　　それでは，ノートに書いていきましょう。

TALK

答　え

E　F　H　I　K　L　(M)　N　T　V　X　Y　Z

64

面白さ：★★☆☆☆
関心度：★☆☆☆☆
時　間：5分

「」にあるアルファベット小文字は？

アルファベットの小文字を見つけよう！

今度は，次のような図を黒板に描き，その中にある小文字を見つけさせましょう。

> 先　生：この中に，どんなアルファベットの小文字がありますか。
> 　　　　見つけた小文字を，ノートに書いてみましょう。
> 生　徒：わかった！
> 先　生：どんな小文字がありましたか？
> 生徒①：p。
> 先　生：そうですね。pがありますね。
> 　　　　できるだけたくさん見つけましょう。
> 　　　　全部で，16個あるかな？
> 生　徒：え～，そんなに？
> 先　生：はい。見つけて書いてみましょう。時間は5分もあれば大丈夫
> 　　　　かな？　それでは，始めましょう。

TALK

答　え

a b c d g h i j l n o p q r s u

65

■面白さ：★★☆☆☆
■関心度：★☆☆☆☆
■時　間：5分

□に入るアルファベットは？

□に入るアルファベットを当てよう！

□に入るアルファベットを当てさせるクイズです。
次のように，黒板に書いてきます。

Blackboard

S　M　□　W　T　□　□

先生：□に入るアルファベットはなんでしょうか？
生徒：（考える）

少し，考えないとわからないので，考える時間を与えます。

先生：近くの人と，話をしてもいいですよ。ただし，わかったと
　　　思ったら，先生のところに来て，こっそり教えてください。
　　　超！難問です。

答　え

左からT（Ｔuesday），F（Ｆriday），S（Ｓaturday）

66

■面白さ：★★☆☆☆
■関心度：★★☆☆☆
■時　間：5分

Ｊから始まる□に入る文字クイズ

ＪＦ□…問題！

今度は，次のように，黒板に書いてみましょう。

Blackboard

J F □ A M J □ A □ O N □

先生：□に入る文字はなんでしょうか？
生徒：Ｊ　Ｆ？？　なんだ？
先生：文字は何文字ある？
生徒：12！
先生：12あるのはなんだろう？
生徒：わかった！

答　え

左からM（Ⓜarch），J（Ⓙuly），S（Ⓢeptember），D（Ⓓecember）

67

■面白さ：★★★★☆
■関心度：★★★★☆
■時　間：3分

車が1台ありました。何色でしょう？

車の色は!?

英語のクイズです。中学1年生でも答えられます。

先　生：ここに車が1台あります。何色の車だと思う？

生徒①：白。／生徒②：赤。

生徒③：グレー。／生徒④：心理テスト？

先　生：いや，クイズだよ。じゃ，聞いてみよう。白だと思う人？

生　徒：（手を挙げる）…（以下，同様に聞いてみる）

先　生：もう1回言うよ。「1台の車がありました。何色？」
　　　　1台の車って，英語で言うと？

生　徒：a car　あ，赤か～～～。

女の子は，上に行く？下に行く？

先生：エレベーターのところに女の子が1人いました。上に行く
　　　でしょうか。下に行くでしょうか？

生徒：a girl（アガール）上！

先生：正解！

68

1ドル札は，どこに消えた？

アメリカ旅行での不思議な体験

　これも，有名なクイズになります。オープンエンドで，生徒たちに話して，不思議がらせましょう。

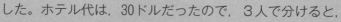

先生：この話，知っている？　3人が，アメリカに旅行に行きました。ホテル代は，30ドルだったので，3人で分けると，1人何ドル？

生徒：10ドル。

先生：そうだね。1人10ドルずつ，払いました。しかし，その後で，フロント係の人から，「今日は，割引があって，実は，部屋代は25ドルでした。なので5ドルを返します」と言われました。でも，5ドルを3人で，うまく分けられません。

　　　そこで，2ドルをチップでフロント係に渡し，3人は1ドルずつ，もらいました。

	Aさん	Bさん	Cさん
	10ドル	10ドル	10ドル
	1ドル	1ドル	1ドル

フロント　←　2ドル

謎が発覚！１ドルはどこにいったの？

先生：すると，３人はいくらずつ払ったの？

生徒：９ドルずつ。

先生：そうだね。１人９ドルずつ払ったから，９ドル×３人で，９×３ ＝27ドル，払ったことになりますね。

	Aさん	Bさん	Cさん
27ドル	10ドル	10ドル	10ドル
	1ドル	1ドル	1ドル
	9ドル	9ドル	9ドル

フロント　←　２ドル

先生：それで，フロント係にチップで２ドル渡したから，足すと，29ド ルになります。１ドルはどこに消えたのでしょう…という不思議 な問題です。

オープンエンドで終わらせる

　このように話した後で，「不思議ですね」「なんでなんでしょう？」と生徒 たちに投げかけて，あれこれ考えさせます。

　そして，最後は正解を言わず，「じゃ，不思議だな…と思ったら，家に帰 っておうちの人と話題にしてみてください」と言って，終えます。

　このように，答えを言って完結させるだけでなく，答えを言わないで家に 持ち帰らせる方法も，臨機応変に扱っていきましょう。

69

困った！17匹のヒツジを３人でどう分ける？

ヒツジ飼いの悩み

次のような話を聞かせましょう。

先生：こんな不思議な話を知っているかな？

昔，３人の兄弟がいました。３人の兄弟は，17匹のヒツジを前に，何やら悩んでいます。そこに１人の老人がやってきて尋ねます。

「３人の男の子たち。何を悩んでいるのじゃ？」

兄弟は，悩みを打ち明けます。

「私たちの父は，亡くなる前に，飼っているヒツジの２分の１は長男へ，３分の１は次男へ，そして９分の１を三男へ，分けるように言ったのです。でも，17匹では，分けられません」

TALK

Blackboard

長男	次男	三男	17匹
$\frac{1}{2}$	$\frac{1}{3}$	$\frac{1}{9}$	

先生：すると，老人は言いました。

「そんなの簡単なことじゃ。**私のヒツジをあなたたちにあ
げよう。18匹ならうまく分けられるじゃろ**」

「ありがとうございます」

お礼を言った３人の兄弟は，さっそく分け始めました。長男は，
２分の１ですから，何匹になる？

生徒：９匹。

先生：そうだね。（９匹と書く）では次男は？

生徒：６匹。

先生：はい。（６匹と書く）三男は？

生徒：２匹。

先生：（２匹と書く）**全部足すと？**

生徒：17匹。17匹？？？

先生：「ほら，分けられたでしょ」と言って，その老人は自分のヒツジ
を連れて帰って行ったという話です。

雑学・面白話

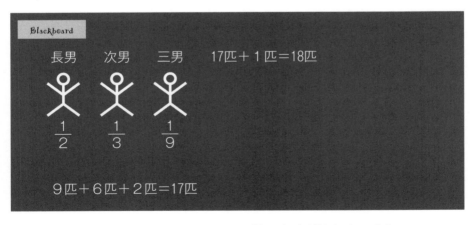

35ページの話もそうですが，元々，分数の意味が違うんですね。

70

「うんこのお菓子はおいしいな」

ちょっと，下品な話題ですが！

「うんこのお菓子はおいしいな」と黒板に書き，次のように言います。

先　生：この文，読んでみて。

生　徒：うんこのお菓子はおいしいな。

先　生：何？

生　徒：うんこのお菓子はおいしいな。

先　生：なんか，この文に足りないんだよな。何が足りないんだろう。

生　徒：足りないもの？

先　生：だって，これ，おかしくない？　うんこのお菓子ってある？

生徒①：鹿の糞のようなお菓子かな。お土産で売っていたよ。

先　生：この文に，何か足りないんだよ。

生徒②：わかった！

先　生：何が足りないの？

生徒②：「うん」の後に，点（読点）がない。

先　生：あっ，そうか…。「うん，このお菓子はおいしいな」となるん
　　　　ですね。読点があるかないかで，全然，意味が変わってしまい
　　　　ますね。

71

「昨日，うしがねこを産んだんだって！」

どこかがおかしい！

先　生：ある日，男の子が走って家に帰ってきて，母親にこう言いました。「昨日，うしがねこを産んだんだって！」

（黒板にも書く）

何が言いたかったのかな？

生徒①：ウシがネコを産んだという話。

先　生：ウシが，ネコを産むの？

生徒②：「うし」という名前のネコが，子どもを産んだ。

先　生：なるほど…。何か，この文，間違っているんだよね。正しくするには，どうしたらいい？

生徒③：わかった！

先　生：どうするの？

生徒③：「うしがね」の「ね」の次に，点を入れる。

先　生：ほお〜。（「ね」と「こ」の間に読点を入れる）

生　徒：あ〜〜〜。「うしがね，こを産んだんだって！」か〜〜〜。

先　生：正解！　読点があるかないかで，全然違う文になるね。

72

「美少女」って，どういう意味？

どこで区切るかで，意味が変わってしまう！

「美少女」と黒板に書いて，次のように言います。

先　生：「美少女」って，どういう意味？

生徒①：美しい女の子。

先　生：美しい女の子か～？　それは，ここで区切ったんだよね。
　　　　（「美少女」の「美」と「少」の間に，／を入れる）

美／少女

先　生：ここで区切るとどうなる？
　　　　（「美少女」の「少」と「女」の間に，／を入れる）

美少／女

生徒①：美が少ない女？

先　生：どこで区切るかで，意味が変わってしまいますね。

73

■面白さ：★★☆☆☆
■関心度：★★☆☆☆
■時　間：5分

ぎなた読み

どこで区切ったらいい？

区切るところで，意味が異なってしまう日本語を話題にします。

> 先　生：（「ここではきものを脱いでください」と黒板に書いて）
> これは，どういう意味？
> 生徒①：ここで，はきものを脱いでください。
> 生徒②：あれ？　きものを脱いでください。
> 先　生：どっちなのでしょうかね。このように２つの意味になってしま
> う文，これを「ぎなた読み」って言います。

このように，話題を切り出した後，次の文を紹介していきます。

①ぱんつくった。　☞パン作った。　☞パンツ食った。
②くるまでまとう。　☞車で待とう。　☞来るまで待とう。
③なんかいもみたい。　☞何回も見たい。　☞なんか芋みたい。
④ねえちゃんとお風呂入った？
　　☞ねえちゃんと，お風呂に入った？
　　☞ねえ，ちゃんとお風呂に入った？
⑤きょうじゅうにたべる。　☞今日中に，食べる。　☞教授，ウニ食べる。

7^2_4

■面白さ：★★★★★
■関心度：★★★★☆
■時　間：3分

あなたの声をお聞かせください！

「あなたの声をお聞かせください」

授業中，スキマ時間にこんな話はどうでしょうか。

先生：日本語って難しいね。

生徒：なんで？

先生：この間，デパートに行ったら，おばあちゃんがね。このくらいの箱に向かって，「もしもし～」「おばあちゃんですよ」「もしもし」って，話かけていたんだ。箱に向かってだよ。なんでだろう…と思って，箱を見ると，「あなたの声をお聞かせください」って書いてあったんだ。そばに，紙が置いてあって。

生徒：（数名笑う）

　このようなユーモアある話は，知らないと笑えないので，ある程度の生徒の認知力を必要とします。知らないと笑えないんですね。

75

■面白さ：★★★★★
■関心度：★★★★☆
■時　間：3分

鯉のエサ，100円!?

> **「鯉のエサ，100円」**

こんな話はどうでしょうか。

> **先生**：先生が中学校の修学旅行での話だけど，京都に行ってね，
> お寺に行ったんだ。そしたら，きれいな池があって，その
> 池にね，友達が100円玉を投げていたんだ。こ〜んなに100円を持
> って，投げていたんです。何しているのかな〜〜と思って見てい
> たら，近くに「鯉のエサ，100円」って，書いてあったんだ。
>
> **生徒**：（笑い）

TALK

　このような話をして，笑う生徒もいれば，笑わない生徒もいます。そして，そのユーモアさに気づいた生徒は，わからない生徒に解説を始めます。そして，その面白さの訳がわかったら，「な〜んだ。そうか…」となります。

前の方があいていますよ！

「前の方があいていますよ」

日本語って，難しい話の第3弾です。

> 先生：先週，バスに乗ったら，ほぼほぼ席が埋まっていたんだけ
>   　　ど，椅子に座っていた人が，「前の方があいていますよ」
>   　　と教えてくれたんだ。先生は「ありがとうございます」と言って，
>   　　前の方に行ったんだけど，席が空いていなくて。そしたら，その
>   　　教えてくれた人が，「前の方が開いていますよ」と教えてくれて，
>   　　よく見たら，（ズボンのチャックを指さし）前が開いていた。
>
> 生徒：（笑い）
>
> 先生：「日本語って難しいよね」っていう話。

こんなのが集められるといいな，と思います。

77

■面白さ：★★★★☆
■関心度：★★★★☆
■時　間：3分

英語の規則性，わかるかな？

単語のヒミツ！

ichy と黒板に書き，尋ねます。

> **TALK**
>
> 先生：なんと読みますか？（生徒：イッチー）
> 先生：すごい。そうですね。これは，「かゆい」という意味です。
> 　　　では，（knee と書く）これは？（生徒：ニー）
> 先生：「膝」という意味ですね。

その後，sun（太陽），sea（海）とやったら，次のように尋ねます。

> **TALK**
>
> 先　生：次にくる言葉はなんだろう？　太陽，海…ときたら…？
> 生徒①：川。
> 先　生：う～ん。go（行く）です。わかった人いる？　声に出して読
> 　　　んでみようか。icthy，knee，sun，sea，go，なんかわかっ
> 　　　た？
> 生徒②：次は，rock（岩）／lock（鍵）だね。
> 先　生：そう！

　その後は，city（町），hatch（卵を産む），queue（列に並ぶ）まで紹介
した後，「外国人は，こうやって日本語の数字を覚えます」と言います。

78

■面白さ：★★★★★
■関心度：★★★★☆
■時　間：5分

手首から肘までは，何の長さ？

「拳」は，どこと同じ？

　体の話題が出たり，スキマ時間を埋めたりするときに，ちょっとした話をしましょう。手を握りしめ，グーにして，拳を生徒たちに見せます。

> 先　生：この拳は，人間の体の中のどこの部分と同じ大きさでしょうか。
> 生　徒：え〜。どこだろう？
> 生徒①：膝？／生徒②：心臓？
> 先　生：正解。拳の大きさは，みんなの心臓の大きさだと言います。

中指と親指で作った○は，どこと同じ？

> 先　生：じゃ，中指と親指で作った○は，体の中のどこと同じ大きさ？
> 生徒①：目の大きさ。／生徒②：膵臓（すいぞう）。
> 先　生：お〜〜〜。
> 生徒③：胃は，もっとでかいからな〜。腎臓（じんぞう）？
> 先　生：正解は，「手首」です。手首の太さと同じなんです。

生　徒：（実際に，合わせてみる）

生徒④：本当だ？

両手を広げた長さは？

先　生：じゃ，両手を広げた，ここ（左の指先）から，ここ（右の指先）までの長さは，人間の体のどこの長さと同じ？

生徒①：小腸。

先　生：小腸は，6〜8mくらいあるよ。

生徒②：大腸。

先　生：う〜ん。大腸は，1.5mくらいですね。

生徒③：髪の毛？（生徒：笑い）

先　生：正解は，身長です。先生の身長は，このくらいなんですね。

雑学・面白話

手首から肘までの長さは？

最後に，次のような話をします。

先　生：では，手首から肘までの長さは，どこと同じ？

生徒①：（実際に，顔に当てて）顔！

先　生：なるほど。

生徒②：膝から足首。

先　生：え？　そんなに短い？（生徒：笑い）答えは，手首から肘までの長さは，足の大きさと同じです。

生徒たちは，実際に足に当ててみて，「本当だ？」と口々に言います。

■面白さ：★★★☆☆
■関心度：★★★★☆
■時　間：5分

この違い，なんの違い？

「湖・池・沼」って，どう違うの？

先　生：あちこち観光すると，「〇〇湖，〇〇池，〇〇沼」と，
　　　　色々な言い方がありますよね。何が違うのでしょうか。

生徒①：湖は，大きくて，それより小さいのは，池。
　　　　沼は，自然にできたもの。

先　生：なるほど。いい線です。この間，上高地（長野県）に行ってき
　　　　たんだけど，そこに，「大正池」「田代池」「明神池」というの
　　　　があって，何が違うのかなあ，と思って調べました。
　　　　国土交通省では，次のように解説しています。
　　　　「湖」は，水深が深く，中央の深い所には，植物は生えていな
　　　　い。「沼」は，湖よりも浅く，深い部分に，植物が生えている。
　　　　「池」は，通常，湖や沼の小さなもので，特に人工的に作った
　　　　もの。
　　　　つまり，「湖」と「沼」の違いは，深さなんですが，国土交通
　　　　省では，言ってはいませんが，深さ5m以下は，「沼」という
　　　　ようです。

＜参考＞国土交通省国土地理院「国土の情報に関するQ＆A」
　　　　https://www.gsi.go.jp/kohokocho/FAQ2.html

「霧（きり）」と「靄（もや）」って，どう違うの？

　天気用語では，度々聞く言葉で，「霧」と「靄」があります。どのような違いがあるのでしょうか。

先　生：今朝，「霧」がすごかったね。ちなみに，似た言葉で，「靄」というのがあるんだけど，これって，どう違うのでしょう。

生徒①：霧は，つぶが細かい。靄は，広い範囲で，もやっている。

先　生：なるほど。他には？

生徒②：霧は，小雨が降っているときで，靄は朝日が出て，朝方に見えるもの。

先　生：これは，視界の違いによるものです。**1㎞先まで見えるものを「靄」と言い，視界が1㎞未満を「霧」と言います。**だから車を運転していて，100m先が見えない…なんて言うときは？

生　徒：霧。

先　生：そうですね。小高い山から街を見ると，遠くに街並みがかすんでいる場合，およそ1㎞以上の先まで見えるときは，「靄」っていうんですね。こんなふうに，似ているものでも，調べてみると，少し，賢くなりますね。

生　徒：じゃ，先生。「霰（あられ）」と「雹（ひょう）」「霙（みぞれ）」の違いは？

先　生：いい質問ですね。調べてみましょう。

＜参考＞

　霰（あられ）……直径5㎜未満の氷の粒

　雹（ひょう）……直径5㎜以上の氷の塊

　霙（みぞれ）……雨から雪，雪から雨に変わる途中

雑学・面白話

80

なんか日本語に聞こえるぞ〜

声に出して読むとわかる！

She ran and cut her. と黒板に書いて，聞きます。

先　生：これはある日本語です。なんて読むのでしょう。

生徒①：え？　She ran and cut her. 彼女は走って，彼女を切りつけた。

生徒②：知らんかった！

先　生：正解！　She ran（知らん）and cut her.（かったー）となりますね。

生　徒：（笑い）

先　生：こんなふうに，日本語に聞こえる英語を集めてみました。

このように言った後，次のような英文を紹介していきます。

・It's a duck in my suit.　スーツの中のアヒル（＝いただきます）

・I get off.　降ります（＝揚げ豆腐）

・Don't touch my machtache.

　　口ひげに触らないで（＝どういたしまして）

・You know me? Could I sigh?

　　私のこと知っている？　ため息ついてもいい？（＝湯呑ください）

・Sit down, please.　座ってください（＝知らんぷり）

■面白さ：★★★★★
■関心度：★★★★☆
■時　間：5分

あっちむけ・ほい！

あっちむけ・ほい！をしよう

　簡単にできる遊びです。「あっちむけ・ほい」です。これについては，説明は不要かと思いますが，じゃんけんして，向かせたい方向を指でさし示します。その方向を見たら負け，という単純なゲームであり，楽しめます。休み時間などに，生徒とやります。

> 先生：「あっちむけ・ほい」やろう！　最初はグー，じゃんけん
> 　　　ポン。（教師が勝つ）あっちむけ・ほい！
> 生徒：（左を向く）
> 先生&生徒：じゃんけんぽん。
> 生徒：（生徒が勝つ）あっちむけ・ほい。
> 先生：（下を向く）あ〜〜負けた。

　このように，楽しくやっていると，生徒たちが集まってきます。そこで，「今，○○さんがチャンピオンです。○○さんに勝ったら，チャンピオン席に座れます」と言って，楽しく遊びを継続します。

82

なんでもバスケット

みんなが楽しむ○○バスケット　　　　　（準備物：椅子）

　学級レクでは定番のゲームです。

　机を後ろに下げて，椅子を円く置きます。

　人数分より１つ少なくします。

　教師も参加しますので，生徒の椅子をそのまま使えばOKです。

　最初は，教師が鬼になって，例えば，「今朝，パンを食べてきた人」と言って，パンを食べてきた人は，席を移動します。

　教師は，急いで空いている席に座ります。

　座れなかった人が次の鬼です。

　約束事として，①慌ててけがをしないこと，②隣の席には移動できないこと，③みんなで楽しむこと，などは伝えておきます。

　また，あらかじめ指示文を作っておくことも面白いです。

　生徒たちに名刺大の紙を３，４枚渡し，それに指示文を書かせます。

　それを箱に入れておき，鬼は，箱から紙を１枚引き，それを読み上げます。くじ引きのようで，どんな指示が出てくるか，興味津々で，聞こうとします。ただ，あまりにも不適切な指示文はぱっと見て，箱から出しておきます。できるだけ大勢，移動できる方が面白いので，「上履きを履いている人」や「服を着ている人」等，あらかじめ教師の方で作成しておき，箱に入れておくとよいでしょう。

83

じゃんけんバスケット

じゃんけんバスケットをしよう

　やり方は，簡単です。「なんでもバスケット」（144ページ）のように，机を下げ，椅子を円く置きます。

　鬼とじゃんけんして，負けた生徒は，席を移動するというものです。

> **Talk**
>
> 先　生：今から，何すると思う？
> 生　徒：フルーツバスケット。／なんでもバスケット。
> 先　生：バスケットは，バスケットなんだけど，今回は，「じゃんけんバスケット」をやります。
> 生　徒：ほお～。
> 先　生：やり方は，簡単です。じゃんけんして，勝ったら動かない。負けとあいこの場合，動きます。では，先生が鬼でやってみるよ。じゃんけんポン。
> 生徒①：あ～負けた～。（移動する）
> 生徒②：あいこも移動するんだよね。（慌てて移動する）

　この変化技で，「鬼と同じものを出した人は，動かない」として，鬼が出したものと同じ（例えば，パー）だったら，動かず，グーやチョキを出した生徒は，移動するということもできます。

84

■面白さ：★★★★★
■関心度：★★★★☆
■時　間：15分

震源地を探せ！

震源地を探せ！をしよう	（準備物：椅子）

　椅子を円く置いて，座ります。１人が震源地となり，その人が動くと，他の生徒も同じ動きをします。例えば，手を挙げたら，他の生徒も手を挙げます。そして鬼は，誰が震源地であるかを当てるゲームです。

　最初に震源地を指名するとき，鬼は廊下に出てもらいます。

先　生：（小さな声で）誰が震源地になりますか？
生徒①：はい。
先　生：（小さな声で）では，○○さんと同じ動きをしますよ。
　　　　はい。鬼さん，中に入っていいですよ。
　鬼　：（教室に入る）
生徒①：（右足を左足の上に乗せる）
生　徒：（生徒①を真似て，右足を左足の上に乗せる）
　鬼　：あれ？　ここら辺が怪しいな。
生徒①：（右足を下す）
生　徒：（生徒①を真似て，右足を下す）

　このように，鬼は，誰が震源地であるか当てていきます。

85

まん中しりとり

奇数文字のまん中で始まる言葉

　しりとりと同じ要領で行いますが，最後の文字でなく，まん中の文字で始まる言葉を探します。

　例えば，「ひ<u>と</u>り」☞「<u>と</u>け<u>い</u>」☞「<u>け</u>いと」のように，まん中の文字で始まる言葉で，つないでいきます。

　そこで，言う言葉は３文字や５文字のように，奇数でなくてはいけません。さらに，まん中に「ん」や「ー」がきたら，アウトです。

先生：まん中しりとりをします，班になります。まん中の文字で始まる言葉を探し，しりとりをしていきます。まん中の文字が必要なので，３文字や５文字等の奇数でなくてはいけません。例えば，「とけい」（黒板に書く）や，「えいかいわ」（黒板に書く）なら，まん中の文字が取り出せますね。
では，「えいかいわ」から，いきましょう。
どの班からいきますか？

3班：はい。「からす」

先生：いいですね。では，順に，４班，５班，６班，１班…というようにいきましょう。

■面白さ：★★★★★
■関心度：★★★★☆
■時　間：10分

ラストピンゲーム

やり方を説明する　～最後の１本を引いたら負け～

休み時間，生徒たちが寄ってきたとき，次のような図を紙に描き，ゲームをやってみたらどうでしょうか。

先生：これで遊ぼう！
　　　例えば，ここに１本引くよ。（①）
　　　ここの横は，全部引いてもいいし，途中まででもいいです。
　　　じゃ，どこか引いてみて。
生徒：全部引かなくてもいいの？
先生：全部引いてもいいし，引かなくてもいいし…どっちでも。
生徒：じゃ，ここ。（②）
先生：じゃ，先生は，ここを引きます。（③）
　　　どこを引く？

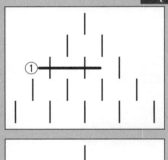

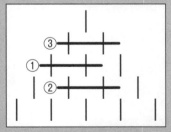

ここで，一番下の５本の線を引いてしまうと，４本残っているので，相手，

自分，相手，自分…と引くことになり，負けてしまうので，1本残して引く
と，相手，自分，相手，自分，相手…となり，勝つことができます。

　よって，次のような場合は，下の線を4本引くといいです。（④）

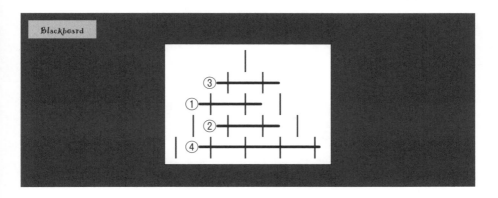

　このように，**交互に線を引いていき，最後の1本を引いたら負け**というゲ
ーム（ラストピンゲーム）です。横は，何本でも線を消すことができます。

クラス全体でやる場合

　休み時間でなく，学級活動の時間などでやる場合は，あらかじめ1枚の紙
に，図を6個ほど描いておき，やらせます。

　そして，6人とやって，何勝するか競わせたり，1回戦が終わったら，
「勝った人？」と言って，勝った人同士，負けた人同士で2回戦をやったり
して，ゲームの連続性をもたせます。

　最後に，一番多く勝った人を，クラスの「ラストピンゲーム」のチャンピ
オンに指名し，その後，そのチャンピオンに勝ったら，新しいチャンピオン
になるようなクラスのゲームのシステムを作っていくとよいでしょう。でき
れば，チャンピオンベルトのような物でも作って，挑戦させてもいいかもし
れません。

学級ミニレク

87

■面白さ：★★★★★
■関心度：★★★☆☆
■時　間：15分

対戦型ビンゴ

ペアで先にビンゴになった人が勝ち！

　１〜25の数字を25個のますに順番は自由に書かせます。その後，生徒をペアにさせ，対戦型のビンゴを行います。

先　生：やり方を説明します。少し難しいので，よく聞いてください
　　　　さいね。
　　　　交互に数字を言っていきます。
　　　　自分が言った数字は×をします。
　　　　相手が言った数字は○をします。
　　　　そして，○が５つ，縦や横，斜めに並んだら勝ちです。
　　　　ペアとやり方を確認してみましょう。
生徒①：交互に数字を言って。
生徒②：自分が言った数字は，どうするんだっけ？
生徒①：×をして，相手が言ったのは○をする。
生徒②：○が５つ，縦や横，斜めに並べば勝ちだね。

　このように，ペアで確認させた後，もう一度，やり方を説明するとよいです。

ゲームを開始する

先　生：では，じゃんけんをします。じゃんけんに負けちゃった
　　　　人から先に１つ数字を言います。その後は，交互に数字
　　　　を言います。
　　　　それでは，はじめ。

生徒①：じゃ，負けたから先に言うね。３。
生徒②：３ね。じゃ，６。
生徒①：６か…。じゃ，11。
生徒②：10。
生徒①：21。
生徒②：12。
生徒①：13。
生徒②：23。
生徒①：16。

生徒①

1	⑩	5	9	18
13̶	4	16̶	17	15
21̶	11̶	14	2	㉓
20	3̶	22	25	8
⑫	19	⑥	24	7

生徒②

9	⑬	㉑	③	24
10̶	2	19	18	17
8̶	23̶	1	25	⑪
12̶	14	7	4	22
5	20	15	⑯	8

　このように，相手が言った数字は○をし，自分の行った数字は×をしてい
き，○が５つ並べば勝ちです。

88

ワードウルフ

お題を割り振る

　ワードウルフは，お題が与えられ，その話題で，話をする中で，1人だけ，お題が異なる人（ウルフ）を見つけるゲームです。その他の人は，「人間」です。

　色々な質問や，話をしながら，話の内容から，ウルフが誰であるか見つけていきます。

　ルールは，「お題の言葉は使わない」ということです。

　4～5分後，投票を行い，ウルフ以外（人間）が，ウルフを一斉に指させれば，「人間」の勝ちとなります。

　途中で，自分がウルフだと思ったら，人間のふりをしながら，なるべく自分がウルフであることが，みんなにばれないようにします。

先生：ワードウルフをします。4人班になります。4人で，1番
　　　から4番まで番号を振ってください。

生徒：（番号を振る）

先生：では，みんな顔を伏せてください。

生徒：（顔を伏せる）

先生：1番の人，顔をあげてください。お題は…。
　　　（と言って，「100万円」と書く）

> いいですか。では，１番の人は顔を伏せます。
>
> ２番の人，顔をあげてください。
>
> 皆さんのお題は…。
>
> （と言って，「１億円」と書く）

　同様に，３番の生徒（100万円），４番の生徒（100万円）にお題を見せます。ここでは，２番だけが，お題が違うので，２番が「ウルフ」ということになります。その他は，「人間」です。

> 先生：では，始めます。５分間で，ウルフを見つけましょう。
>
> １番の生徒：これだけの貯金があればいいんだけどな。
>
> ２番の生徒：スポーツ選手なら，１年で稼げるね。
>
> ３番の生徒：（え？　自分がウルフかな？）〇〇さんなら，何を買う？
>
> ４番の生徒：買わないで，まずは貯金かな。あまり欲しいものないし。
>
> ３番の生徒：今までに，現物見たことある？
>
> １番の生徒：ないね。そんな大金，持っていないし。
>
> ３番の生徒：そうだけど。何か月で稼げるかな？
>
> ２番の生徒：え？　10年以上はかかるんじゃない？
>
> １番の生徒：（おっ！　２番がウルフかな？）何を買う？
>
> ２番の生徒：家を買うね。
>
> 先生：では，投票の時間です。誰がウルフであるか，「せーの」で，指をさしましょう。では，いきますよ。せーの。
>
> １・３・４番の生徒：（２番を指さす）

　「せーの」で，３人の「人間」が，ウルフを指させば，「人間」の勝ちということになります。

89

マスターマインド

数字で「マスターマインド」

やり方を知ってもらうために，教師が3つの数字を思い浮かべます。例えばそれが，「592」とします。

先　生：今から，「マスターマインド」と言って，相手の心を読む
　　　　ゲームをします。先生は今，3つの数字を思い浮かべま
　　　　した。その3つの数字を当ててもらいたいのです。なんでもい
　　　　いから，1～9までの中から数字を3つ言ってみてください。
　　　　じゃ，○○さん（生徒①）。
生徒①：719。
先　生：719…（と言いながら，黒板に数字を書く）

すると，教師が思い浮かべた592と，生徒が言った719では，「9」
という数字が当たっています。そこで，1つ当たっているという意味で，英
語でOne. と言います。

先　生：One. 今，719と言いましたが，7・1・9の中の1
　　　　つが当たっているので，One. と言いました。
　　　　じゃ，誰か？

生徒②：２８７。

先　生：２８７（と言って，黒板に書く）。１つありますので，One.

生徒③：じゃ，１３６。

先　生：１３６（と言って，黒板に書く）。Zero. ありません。

生徒④：じゃ，まだ使っていない４と５と…じゃ，９。

先　生：４５９ね（と言って，黒板に書く）。Two!

生　徒：お～～。

先　生：Three. になれば，あがりですね。

ここまでで，板書は次のようになっています。

Blackboard

```
719  1
287  1
136  0
459  2
```

TALK

生徒⑤：７５９。

先　生：７５９（と言って，黒板に書く）。Two.

生徒⑥：８５９。

先　生：８５９（と言って，黒板に書く）。Two.

生徒⑦：わかった。２５９。

先　生：２５９（と言って，黒板に書く）。Three. 当たり！

生　徒：やったー。

先　生：先生が考えた数字は，５９２でした。桁は関係なく，数字が３
　　　　つ当たれば OK です。では，友達とやってみましょう。

90

じゃんけん大会

先生 vs 生徒

　いつの時代も，じゃんけんは，簡単にでき，決まった誰かが勝つということはなく，公平な遊びです。また，スキマ時間でできるので，使い勝手はいいです。

> 先生：先生とじゃんけんします。全員立ちます。
> 生徒：（立つ）
> 先生：先生とじゃんけんして，「負け」と「あいこ」は，座ります。誰が最後まで残るでしょうか。

TALK

　このように，じゃんけんチャンピオンを決めます。

じゃんけん大会

　全員を立たせ，近くの人とじゃんけんをさせます。勝った人は，近くにいる勝った人とじゃんけんをします。
　勝ったら，また勝った人を見つけ，じゃんけんします。
　このようにやっていくと，クラスのチャンピオンが決まります。

学級ミニレク

91

■面白さ：★★★★★
■関心度：★★★★☆
■時　間：5分

後出し・じゃんけん

「先生に勝ってください！」

　後出しじゃんけんとは，教師は，「じゃんけん・ポン・ポン」と2回言います。その1回目の「ポン」で，教師は出し，2回目の「ポン」で，生徒たちが出します。すると，普通は勝てるはずです。

> **先生**：後出しじゃんけんをします。先生が，「じゃんけん・ポ
> 　　　　ン・ポン」と言いますので，みんなは，2回目の「ポン」
> 　　　　で出して，先生に勝ってください。では，やってみましょう。

　やってみます。だいたいは，勝てるでしょう。

今度は，「先生に負けてください！」

　これは，難しいです。人間の心理から，どうしても勝ってしまうのです。

> **先生**：では，今度は，先生に負けてください。始めます。
> 　　　　じゃんけん・ポン（パーを出す）・ポン！
> **生徒**：（グーを出す）
> **生徒**：（チョキを出す）あ〜〜，勝っちゃった！

学級ミニレク

157

92

31を言ったら負け？

先生 vs 生徒

最初に，教師と生徒で，「31を言ったら負け」をやってみます。

先　生：数字を順番に言っていき，「31を言ったら負け」ゲーム
　　　　をします。1回に3つまで数字が言えます。最初，先生
　　　　対みんなでやってみましょう。1・2・3（生徒①を指名）。
生徒①：4・5。
先　生：6。
生徒②：7・8・9。

このように，交互に数字を言っていき，やり方を示します。

生徒 vs 生徒

　やり方がわかったら，生徒同士でやらせます。また，1回だとまぐれ勝ち
もありますので，3回勝負させます。その後，勝った人同士，負けた人同士
でやらせるなど，ゲームを楽しみます。

　さらに，「31を言えたら勝ち」という逆のゲームをやるのもいいでしょう。
言えたら勝ちなので，言った瞬間，手を挙げて喜ぶ生徒も出てきます。

■面白さ：★★★★☆
■関心度：★★★★☆
■時　間：5分

93

以心伝心ゲーム

友達と意見が合うかな？　　　　　　　　（準備物：白紙）

　生徒1人に1枚白紙を配ります。お題を出します。そのお題を見て，自分の考えを書きます。班内，またはグループで，いくつ同じ答えが出るかを競います。

Talk

先　生：以心伝心ゲームです。班員の書いたものは絶対に見ません。先生がお題を言います。例えば，「今，コンビニに行くとしたら何を買う？」とします。じゃ，練習でやってみましょう。配付した紙に自分の考えるものを書きましょう。

先　生：では，1班，発表してください。
生徒①：おにぎり。／生徒②：ジュース。／生徒③：おでん。
生徒④：ジュース。／生徒⑤：ジュース。／生徒⑥：おでん。
先　生：おっ！　ジュース3人，おでん2人で5点獲得。

　タブレットの共有機能を使って，班員の考えがみんなに見える形でやるのもいいでしょう。
　また，「お絵描きバージョン」も考えられます。答えを，絵で描きます。

94

■面白さ：★★☆☆☆
■関心度：★★☆☆☆
■時　間：10分

アンパンマン・キャラクター遊び

アンパンマンに出てくるキャラクターを言っていこう！

　家族でディズニーランドに行き，列で待っているのが暇なとき，よくやっていた遊びがあります。ただ単純に，**「アンパンマンのキャラクターを１個ずつ言っていく」**というものです。

　意外とあるものです。**学校では，給食中にやったりもしました。**

　班に６人いると，私を含め７人で，６周もしたことがありました。つまり，パスした子もいますが，およそ30〜40は出てきたことになります。

　自分が言わなかったキャラクターが出てくると，「ああ，そうか。そんなのもあったよな」と，楽しい雰囲気になります。

　班ごとに，出しあわせてもいいです。

先生：アンパンマンのキャラクター知っている？
生徒：知っている！
先生：じゃ，アンパンマンゲームをしてみよう。班ごとに，１つずつアンパンマンに出てくるキャラクターを言って，言えなくなったら負け…というのはどう？
生徒：いいね，いいね。
先生：じゃ，アンパンマンに出てくるキャラクターを１つずつ言っていこう。言えなかったら負けです。じゃ，先生から。アンパンマン。

1班：ドキンちゃん。

2班：メロンパンナちゃん。

3班：ジャムおじさん。

4班：めいけんチーズ。

5班：カツドンマン。

先生：おっ，すごいな。

6班：てんどんまん。

先生：え～と，やきそばパンマン。

1班：ソフトクリームマン。

2班：ばいきんまん。

先生：それがあったね～。

このように，楽しみながらやっていきます。

キャラクター（例）

アンパンマン　ジャムおじさん　バタコさん　めいけんチーズ
カレーパンマン　しょくぱんまん　メロンパンナちゃん　ロールパンナ
クリームパンダ　てんどんまん　カツドンマン　かまめしどん
おむすびまん　こむすびまん　はみがきまん　はみがきこちゃん
ひのたまこぞう　みるくぼうや　やかんまん　あかちゃんまん
ハンバーガーキッド　ニガウリマン　やきそばパンマン
ナガネギマン　コネギくん　たこやきまん　りんごぼうや
ドーナツマン　プリンちゃん　あじさいさん　アボガドじいや
アンモナイトくん　いくらどんちゃん　いなりずしのみこと
ばいきんまん　ドキンちゃん　ホラーマン　かびるんるん
おくらちゃん　おダンゴちゃん　うどんちゃん　ケーキちゃん
ソフトクリームマン　マロン姫　コキンちゃん

95

■面白さ：★★☆☆☆
■関心度：★★☆☆☆
■時　間：5分

ドラえもんのひみつ道具，いくつ知っている？

ドラえもんに出てくるひみつ道具

　今度は，ドラえもんに出てくるひみつ道具を言っていきます。クラスでやっていると，家に帰って調べてくる生徒が出てきます。

先生：ドラえもん博士は誰かな？

生徒：○○さんがよく知っているよ。

先生：じゃ，ドラえもんのひみつ道具を1個ずつ言っていきましょう。

　　　また，班対抗でいきましょう。

1班：どこでもドア。

先生：有名ですね。

2班：タケコプター。

3班：アンキパン。

4班：スモールライト。

5班：ビッグライト。

6班：うそ発見器。

先生：じゃんけん練習機。

1班：タイムカプセル。

2班：タイムマシーン。

TALK

（他のひみつ道具例は，174ページ）

手品

96

■面白さ：★★★★★
■関心度：★★★★★
■時　間：5分

サイコロ手品

サイコロの出る目を予言する！

先　生：誰か，サイコロ振りませんか？
生徒①：は〜い。
先　生：じゃ，サイコロを振ってみて。

このとき，サイコロは，できるだけ大きめのサイコロを用いるといいです。

よく，観光地に行くと，木製の大きめのサイコロが売っていたり，100均などでは，布製の大きなサイコロを売っていたりします。

先　生：じゃ，いくつの目が出ましたか。ここに図で描いてみて
　　　　ください。
生徒①：（サイコロの3の目を描く）
先　生：そう。先生，○○さん（生徒①）が3を出すんじゃないかと思
　　　　って，予言していました。

このように言って，ペンケースの中から紙を取り出し，それを生徒に見せます。そこには，サイコロの3の目の図が描かれています。生徒は，びっくりします。

実は，あらかじめ1〜6の目を，あちこちに隠しておくのです。

千円札を切っても切れない！

封筒に入れた千円札を切っても，元通り！

準備物として，①封筒，②千円札，③ハサミが必要です。

先生：手品をします。
　　　ここに，千円札があります。
　　　これを，この封筒に入れます。

お札　　　　　　　　　　　　　　　　　お札

先生：すると，ここに千円札が見えますね。

　このように言いながら，左右にずらして，確かに入っていることを確かめます。

先生：では，今から，この封筒をまん中で切ってしまいます。
生徒：え〜。

このとき，できるだけ大きめのハサミで，生徒たちによく見えるように実演しましょう。

TALK

先生：では，切っていきます。

ハサミを大きく動かし，封筒のまん中で切ってしまいます。

TALK

先生：はい。これで，まっ二つになりました。
生徒：あ～あ，やっちゃった。
先生：千円札はどうなっているかな？
　　　　じゃ～ん。切れませんでした～～～。
生徒：え？

封筒に，２か所の切れ目を入れておく！

たねあかしは，次です。

あらかじめ，封筒に２か所の切れ目を入れておきます。

そして，千円札を入れるとき，その切れ目を利用し，千円札が手前に出るようにします。そして，封筒だけ切っていきます。

お札が見えている。

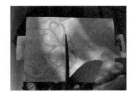
お札の裏にハサミを通す。

手品

生徒側から見ると，本当に切っているように見えます。

トランプ手品①

トランプカードを当てる！

　トランプを使った簡単手品です。クラス全体でなく，休み時間等，少数の生徒の前でできる手品です。

> 先　生：えっと，トランプって，何枚あったっけ？　ジョーカーを除くと…？
> 生徒①：52枚。
> 先　生：じゃ，半分は26枚ですね。半分に分けます。

　このように言って，トランプを左手に持ち，右手で１枚ずつ**表にしながら**，半分の26まで数えます。このとき，**７番目のカードを教師は覚えておくよう**にします。**この７番目のカードが，手品の答えになります。**

> 先生：1，2，3，4，5，6，7，…，24，25，26。
> 　　　これで半分だね。
> 　　　この半分を，こちら（左手に持っていた半分）の下に入れます。

　このように，52枚のカードを半分に分け，表に出した26枚を，左手に残っている26枚のカードの下に入れます。

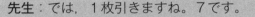
TALK

先生：では，1枚引きますね。7です。

7なので，8，9，10と3枚出します。

もう1枚，引きます。Q（12）が出ました。こういう絵札は，10
としますので，これ1枚だけにします。

最後にもう1回引きます。3が出ましたので，4，5，6，7，
8，9，10と，10になるまで7枚出していきます。

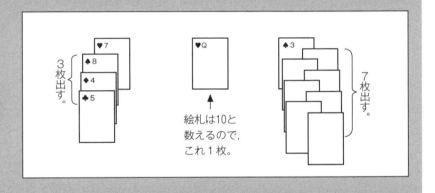

3枚出す。

♥7
♠8
♦4
♣5

♥Q

↑
絵札は10と
数えるので，
これ1枚。

♠3

7枚出す。

先生：この3枚の数字を足すといくつかな？

（と言って，最初に出た7とQと3を指さす）

生徒：7＋10＋3だから…，20！

先生：そうですね。では，このカード（左手に持っている束）の20番目
にあるカードを予言します。ダイヤの8です。めくってみましょ
う。1，2，3，4，5，…18，19…次ですね。

20！　ほら！

生徒：え～。なんで？

手品

■面白さ：★★★★★
■関心度：★★★★★
■時　間：8分

トランプ手品②

トランプカードを当てる！

これも簡単にできる手品です。

先　生：トランプを当てる手品をします。
　　　　どこか指さして。

生徒①：（トランプの束のまん中あたりを指さす）

先　生：ここですね。ここのカードは，ハートの6（♥6）です。
　　　　（と言って，めくると，ハートの6が出る）

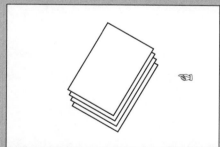
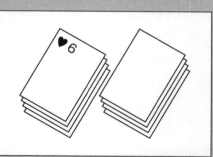

生　徒：すげ～。もう1回。

先　生：いいよ。どこか選んで。

生徒②：（指をさす）

先　生：このカードですね。これは，ダイヤの7（◆7）です。

　　　　（と言って，カードを見せる）

ほとんど失敗なくできます。

やり方

　これは，トランプカードの一番後ろを覚えておきます。そのカードが，スペードの5（♠5）だとします。

　トランプの束を左手で持ち，中指から小指で，一番下のカードを押さえ，右手でまん中の部分を抜き取ります。

　すると，「シュッ」という音がして，トランプの束を2つに分けた感じがします。でも，実際は，まん中部分を抜き取っているわけです。

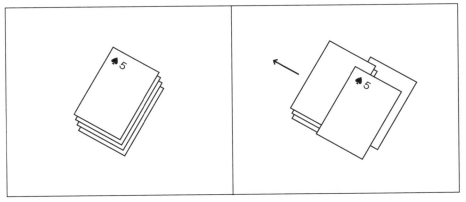

＜裏から見た状態＞　後ろのカードを押さえ，まん中を抜き取る

　すると，左手には，一番下のカードがありますので，それを見せて，「ほらスペードの5（♠5）だよ」と言って，見せるという手品です。

ダジャレ

100

■面白さ：★★★★★
■関心度：★★★☆☆
■時　間：3分

ダジャレを言っているのは誰じゃ！

布団が…？

　ダジャレも，ユーモアです。何気なく話す教師の言葉の中に，重なるような言葉があると，生徒たちはそこに気づき，面白がって言ってきます。

　使うか使わないかは別として，できるだけ知っているといいでしょう。

先生：みんな一発ギャグ，どのくらい知っている？
　　　布団が…？
生徒：吹っ飛んだ！（ふっとんだ）
先生：お〜，さすが…！
　　　太陽を見ると，目が…？
生徒：痛いよう！（いたいよう）
先生：紅葉を見に…？
生徒：行こうよう！（いこうよう）
先生：なかなかやるな…〜。じゃ，これは？
　　　オオカミがトイレに入って…？
生徒：おお，紙がない！（オオカミがない）

　このように，教師が言わずに，後半部分を生徒たちに言わせると，やり取りが面白くなります。

ダジャレ集

- ・アルミ缶の中にあるミカン。
- ・チーターが，落っこちーたー。
- ・ネコが寝ころんだ。
- ・シカが叱った。
- ・このイカ，食べてい〜か〜？
- ・この貝，食べていいかい？
- ・イクラはいくら？
- ・「時計がなくなった」「ほっとけい」
- ・「このタイヤ，固いや」
- ・タレがたれた。
- ・廊下に，座ろうか？
- ・下駄が脱げたー。
- ・今日は，和食じゃないんだ。わ〜ショック。
- ・「カニっておいしいよね」「確かに」
- ・お金は，おっかね〜。
- ・「今日は，火曜かよ？」「いいや。水曜ですよ〜！」
- ・焼肉は，やきにくい！
- ・「このチョコ食べる？」「ちょこっとね」
- ・タイが食べたい！
- ・稲はい〜ね〜。
- ・電話にでんわ。

ダジャレ

p.46　先生：もうないかな？　ここに１本，ここに１本。ほら，「門」が！

白　田　目　甲　由　申　旧　旦　日　日

p.47　鉛筆で瞼（まぶた）を軽く押さえると，正三角形が二重に見え，正三角形が２つになります。

p.50　正三角形の「三」に，２本線を足して「五」。正三角形→正五角形

p.51　人差し指の第二関節を折り曲げ，横から見るとＹの字に見えます。

p.57　まず，１本の線香の両端に火をつけます。同時に，もう１本は，片側だけ火をつけておきます。

両端に火をつけた線香は30分で燃え尽きますので，燃え尽きたとき，片側しか火をつけなかった線香のもう片方にも火をつけます。

残り30分で燃え尽きますので，両端に火がつくと，その半分の15分で燃え尽きることになります。よって，45分が計れます。

p.67　例）

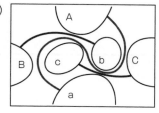

p.69　例）

　　　1＋2＋3＋4＋5＋6＋7＋8×9＝100
　　　1＋2×3＋4×5−6＋7＋8×9＝100
　　　1×2×3×4＋5＋6＋7×8＋9＝100
　　　1×2×3＋4＋5＋6＋7＋8×9＝100
　　　1×2×3×4＋5＋6−7＋8×9＝100
　　　1＋2×3×4×5÷6＋7＋8×9＝100
　　　1−2＋3×4×5−6＋7×8−9＝100
　　　1−2＋3×4×5＋6×7＋8−9＝100
　　　1−2×3−4＋5×6＋7＋8×9＝100
　　　1−2×3−4−5＋6×7×8×9＝100
　　　1−2×3＋4×5＋6＋7＋8×9＝100
　　　1＋2−3×4−5＋6×7＋8×9＝100
　　　1＋2−3×4＋5×6＋7＋8×9＝100
　　　1×2×3−4×5＋6＋7＋8×9＝100
　　　1＋2＋3−4×5＋6×7＋8×9＝100

p.85　しりとり　「ン」がつく動物
　　　例）
　　　スッポン　カメレオン　ハクビシン　ポメラニアン　オランウータン
　　　ジュゴン　オジサン

p.118　　次のように三角錐を作ると，正三角形が４つ作れます。

p.119　√4　にします。

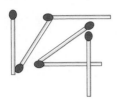

p.120　58の8のまん中のマッチ棒を動かして50にして，－を＋にすれば，
正しい数式になります。

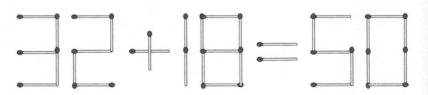

　　　　補充問題　　マッチ棒を2本動かして，数式を完成させよう。
　　　　①8×4＝5　　（答え：2×4＝8）
　　　　②2×9＝8　　（答え：2×5＝10）

p.162　例）
あいあいパラソル　味見スプーン　あらかじめ日記
いいわ毛　いたわりロボット　いっすんぼうし
スーパー手ぶくろ　タイムふろしき　たずね人ステッキ
タッチてぶくろ　動物粘土　とう明人間ぐすり　通りぬけフープ
とびだしライト　のど自慢アメ　分身ハンマー　まあまあ棒
マイクロ補聴器　もぐら手袋　もしもボックス　わすれとんかち

参考文献

『クラスがまとまる！わくわく学級イベント104』重水健介編著（ひまわり社）

『向山式おもしろ学習ゲーム』向山洋一編著（主婦の友社）

「面白い数字パズル make10超難問の解答，小町算の紹介」

    https://information-station.work/248/

国土交通省　気象庁

    https://www.jma.go.jp/jma/kishou/know/yougo_hp/kousui.html

「楽しいクイズの発信基地！クイズ大陸（頭の体操／論理パズル）」

    http://quiz-tairiku.com/logic/q12.html

「簡単で面白いなぞなぞ！子供・小学校低学年向け」

    https://kentei-quiz.com/nazonazo/389/dajare/

「なぞなぞとクイズの館／なぞっち」

    https://nazocchi.com/nazonazo/1262

「親子で楽しめる！難易度の高いなぞなぞ問題12選【上級編】(2)」

    https://cocoiro.me/article/12172/2?msclkid=b688ce23ce7111ec9cecae298

    2c9748e

「なぞなぞスピンオフ」

    https://www.nazo2.red/kanji_nazonazo/6.html

「心理学と雑学のまとめ」

    http://ofee.tank.jp/color-test/?msclkid=fdadf7c0ce7a11ecb80a1

    bb141418240

「子どもが喜ぶ！情報いっぱい　ごっこランド Times」

    https://gokkoland.com/articles/595

【著者紹介】

瀧沢　広人（たきざわ　ひろと）

1966年東京都東大和市に生まれる。埼玉大学教育学部小学校教員養成課程卒業後，埼玉県公立中学校，ベトナム日本人学校，公立小学校，教育委員会，中学校の教頭職を経て，現在，岐阜大学教育学部准教授として小・中学校の英語教育研究を行う。主な著書は，『板書＆展開例でよくわかる　英文法アクティビティでつくる365日の全授業　中学校外国語（３分冊）』(2023)，『中学校英語　指導スキル大全』(2022)，『目指せ！英語授業の達人40　絶対成功する！新３観点の英語テストづくり＆学習評価アイデアブック』，『同39　絶対成功する！中学校新英文法指導アイデアブック』(2021)，『同30・31・32　絶対成功する！英文法指導アイデアブック　中学１年〜３年』(2015)，『中学校英語サポートBOOKS　苦手な子も読める！書ける！使える！中学校の英単語「超」指導法』(2021)，『授業をグーンと楽しくする英語教材シリーズ37　授業を100倍面白くする！中学校英文法パズル＆クイズ』『同29　CanDo で英語力がめきめきアップ！　中学生のためのすらすら英文法』(2014)，『同27　文法別で入試力をぐんぐん鍛える！　中学生のための英作文ワーク』(2013)，『同25　１日５分で英会話の語彙力アップ！中学生のためのすらすら英単語2000』(共著・2013)，『同24　5分間トレーニングで英語力がぐんぐんアップ！　中学生のためのすらすら英会話100』(2013)（以上，明治図書）他多数。

学級経営サポートBOOKS

スキマ時間に大活躍！エンタメが満載！
中学校の学級トーク＆ミニレク100

2023年４月初版第１刷刊	©著　者	瀧　沢　広　人	
	発行者	藤　原　光　政	
	発行所	明治図書出版株式会社	

http://www.meijitosho.co.jp
(企画)木山麻衣子 (校正)有海有理
〒114-0023　東京都北区滝野川7-46-1
振替00160-5-151318　電話03(5907)6702
ご注文窓口　電話03(5907)6668

＊検印省略　　　　　組版所 中　央　美　版

Printed in Japan

ISBN978-4-18-361424-7

もれなくクーポンがもらえる！読者アンケートはこちらから→